Irene Pollak

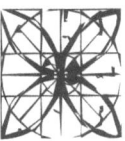

Drüben, im Keller – Geschichten aus dem Fundus

© Mag.ª Irene Pollak, Wien

info@ena-architektur.com

Alle Rechte liegen bei der Autorin, 2014

Die Coverfotos entstammen privaten Sammlungen der Autorin

Herstellung und Verlag:

Books on Demand GmbH,

In de Tarpen 42, D-22848 Norderstedt

ISBN 978-3-7357-5066-2

Irene Pollak

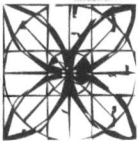

Drüben, im Keller

Geschichten aus dem Fundus

Vorbemerkung

Ich glaube, in jeder Familie, in jedem Leben passieren viele witzige, berührende Geschichten; Geschichten, die zu erinnern und festzuhalten sich lohnt;
ich hab' eines Abends – inspiriert vom laufenden Gespräch – laut gedacht:
„ ... das erinnert mich – wie komm' ich da jetzt drauf – an die weißen Pfirsiche..." - und habe die Geschichte erzählt. Das lachende Gegenüber hat dann angeregt, das Ganze aufzuschreiben;
andere Texte sind für andere Anlässe, Lesungen, Veranstaltungen, oder aus anderen Anlässen, persönlichen, Zeitpunkten, Festen, auch als Reflexionen, entstanden.
Im Schreiben und im Lesen stelle ich immer wieder erstaunt fest, welche Details sich unauslöschlich in eine Erinnerung brennen, ich bin sicher, viele kennen das!
Aufgeschrieben, gesammelt und nach ihrer „eigenen" Wahl gereiht finden sich nun einige Geschichten – zum Teil mit veränderten Namen - in dieser Zusammenstellung, die Eingeweihte berühren, Berührendes aufbewahren und alle, die sie lesen oder hören, unterhalten und inspirieren soll.

Irene Pollak, 2011-2014, Wien

SCHEREMETJEWO II

An langen Haltetauen
lose aufgehängt
schwingt uns're Existenz
im Wind der Zeit.
Wir wissen wenig
von den Regelmaßen
und haben vieles
viel zu früh bereut.

Wer weiß, wo sich
die Fäden einst verknüpfen
und, wer sie hält
in diesem großen Spiel;
wohin wir geh'n
und, wie wir einmal enden,
der Weg, er ist
das Maß für jedes Ziel.

ip, Juli1991

Eine frühe Geschichte

Da war eine Natursteinterrasse und glühende Sonne.

Da war ein langgestreckter Garten – zumindest erscheint er mir in der Erinnerung langgestreckt, - auch der Brunnen erscheint mir riesig, ein rundes Steinbecken mit gerundetem, gekerbtem Rand, ein gekrümmter Eierstab, auf einem geschwungenen Mittelfuß, wie ein Baluster, und oben drin eine Fontäne. Neu-Barock. 1960er-Chic. Heute stark gesucht hip-retro. Aber original! Das ist die Zeit, aus der ich komm'.

Ich erreiche mit meiner ausgestreckten Patschhand gerade den gerundeten Rand.

Zwei Dackel, kastanienbraun und quirlig. Einer hetzt permanent eine offene Treppe rauf und runter. Die Treppe ist durch die großzügige Verglasung hinter der Terrasse sichtbar.

Ich oszilliere zwischen den Dackeln, meinem Papa, der irgendwo am Brunnen rumsteht und der Mama, die in einem himmelblauen Strickkostüm und hochgesteckter Frisur mit parallelen Beinen und Füßen in Bleistiftabsatz-Zehenmörder-Pumps auf einem der Terrassenmöbel sitzt und sich mit der Besitzerin des Hauses und des Gartens unterhält, die uns eingeladen hat. Eine Architektin.

Zum fünften Geburtstag

Eine Dachschräge mit Walzenmuster, ein sonniger Herbstmorgen, sowas wie ein Matratzenlager, das Übernachten bei Freunden; eine fremde Küche und dennoch seltsam vertraut – und – Geburtstagsgeschenke. Eins davon war eine große Porzellansparkatze, annähernd in Lebensgröße, zusammen-gekuschelt sitzend, ihren Schwanz bis um die eingezogenen Vorderpfoten geringelt, die Ohren gespitzt. Auf dem Rücken ein Schlitz, an der Bauchseite eine runde Öffnung, verschlossen mit einem Plastikdeckel. Glasiert mit rosa Stiefmütterchen. Leider war der Schlitz auf dem Rücken größer als das Loch am Bauch: es war nicht sicher, dass alle

Geldstücke, die durch den Rückenschlitz passten, beim Bauchloch auch wieder rauskonnten. Gezeigt hat sich das anhand einer silbernen 50-Schilling-Münze. Kurz hat es eine große Verzweiflung gegeben, ich erinnere mich genau. Ich erinnere mich auch, dass unser Vater sich geärgert hat, auch über das zwar hübsche, aber durch diesen Konzeptmangel zweckunfähige Stück, vor allem aber über die Unfähigen, die's gekauft haben, war das meine Großmutter, Mutters Mutter, Vaters Schwie? Er hat dann mit zunehmender Wut und einem Schweizer Offiziersmesser im Rückenschlitz herumgestochert, um die Münze auf dem ursprünglichen Weg wieder aus der Sparkatze zu bekommen – und dabei eine recht große Scholle glasiertes Porzellan abgesprengt. Drama. Wirklich schade. Die Münze ist letzten Endes herausgekommen, die Glasurscholle wurde angeklebt. Ich habe die Sparkatze immer noch, habe sie aber kaum zum Sparen verwendet. Ich greife sie immer wieder gerne an, die Form der Ohren, die glänzende Glasur, ich mag die rosa Stiefmütterchen; Sie steht heute in einem meiner Regale, mit ihrer Narbe am Rückenschlitz, in deren Rändern sich, trotz Wischen, der Staub von heute rund 45 Jahren gesammelt hat.

Der „drübere" Keller

Ein Privileg! Als mit dem sozialistischen Gemeindebau-Hausbesorger befreundete Familie bekamen wir die Möglichkeit, ein zusätzliches Kellerabteil zu mieten. Was heißt Kellerabteil – geschätzte 20m² Lagerraum mit zwei Kellerfenstern im nächsten Bau der Wohnhausanlage!
Luxus! Als der Raum noch recht leer war, haben wir dort Tischtennis gespielt!
Der Tisch steht noch immer drin, er dient als Ablage, als zweite Ebene, denn es lässt sich auf und unter ihm lagern.
Und gelagert wird dort viel!

50 Jahre. Bücher, Schul- und Spielsachen, Sport- und Haushaltsgeräte, Lampen und Möbel.

Geschichte und Geschichten.

Manche Dinge haben in den Jahren ein Eigenleben entwickelt. Die haben wir entsorgt.

Andere verstauben nur. Wie das Modell meiner Diplomarbeit; Das Knarren der Schranktüren ist in meine Erinnerung gebrannt, wie die Oberfläche meiner Puppenküche und die Gerüche in meinen Schulbüchern.

Ein Paradies! Ich könnte dort Tage verbringen – möglicherweise sollten wir das auch einmal.

Aber, wer würde uns aus den Gletscherspalten der Schachteln und Kisten holen, woran sollten wir uns seil-sichern, wenn wir versinken, abstürzen, das Bewusst-Sein verlieren, unsere Zeit und uns?

Und, wenn wir doch wieder auftauchten, heimkehrten, die Taschen voll mit Kostbarkeiten, so wie Hänsel und Gretel, wer sollte unsere Schätze schätzen?

Könnte ich den drüberen Keller doch dehydrieren, schrumpfen, seine Essenz konservieren und in kleinen Tabletten trocken lagern.

Wenn der Anlass passt, würde ich eine solche Tablette auf einen großen, freien, stillen Platz legen und gießen und dann würde der Keller, oder bestimmte Kisten oder Regale, aus der befeuchteten Tablette wachsen, sich entfalten, wieder zum Leben erwachen.

So, werden wir bis auf weiteres einfach wissen, dass er da ist, schläft, wartet, den Atem anhält, so wie die Zeit, die in ihm ist.

Eine Tanten-Mischkulanz

Ja, na, ja, wenn ich denk', damals, ich weiß nicht, wie ich drauf komm', ich seh' uns sitzen um 14 Uhr in der Hinterbrühl vor der Jause, die wir noch nicht wollten, weil wir erst eine Stunde davor zu Mittag gegessen hatten, um eins, was für einen Sonntag und eine normale Familie eh' nicht extrem spät ist, aber für die Tante schon, die Tante hat nämlich um elf Uhr zu Mittag gegessen, die hatte um zwei schon wieder einen Jausengusto.

Eigentlich war sie eine Tante ‚*twice removed*', eine Tante ums Eck - also, keine echte, sie war weder eine Schwester unseres Vaters oder unserer Mutter, noch irgendeine deren Tanten, dann hätte man sie als Großtante auch *vertanten* können, das kommt schon auch vor, nein, sie war die Kusine des Vaters meiner Mutter, das heißt, eine Tochter von Opa's Tante, die wiederum meiner Mutter Großtante war, also war sie Mutters Großkusine und unsere Urgroßkusine. Also, quasi eh' eine Art Tante. Der Kürze wegen.

Ihr Vorname war der einer Blume, einer sprichwörtlichen, nein, nicht Viola.

Sie lebte in einem alten, aus Steinblöcken und vereinzelten Ziegeln erbauten, Haus aus dem 19. Jahrhundert, im etwas abgelegenen Teil einer durchaus renommierten niederösterreichischen Wohngegend, oder Urlaubsgegend, beinah schon Sommerfrische, ein SOS-Kinderdorf direkt in der Nähe.

Irgendwie war's immer klamm in dem Haus, es war nicht unterkellert, der Holzboden direkt auf einer *pro forma*-Unterkonstruktion, vermutlich aus Schlacke-Schüttung und Polsterhölzern – und sonst nix, keine Feuchtigkeits-Isolierung, keine Wärmedämmung, gar nix. Da kriecht's schon kühl die kindlichen Wadeln hoch, wenn man stundenlang um den altdeutschen runden Esstisch hocken und die Finger parallel an die Tischkante legen muss.

Im Sommer war's angenehm, aber irgendwie erinner' ich nur die klammen Herbst- und Winternachmittage.

Die Schuhe, die im ungeheizten Vorzimmer, oder der Veranda ausgezogen wurden, waren beim Wiederanziehen so kalt, dass man sich eigentlich hätt' ordentlich verkühlen können.

Ich kann mich erinnern, dass ich auf der Heimfahrt im gut geheizten Auto bis zur Wiener Stadtgrenze gebraucht hab', bis meine Füße wieder halbwegs warm waren.

Die Tante hingegen hat geschwärmt von den gefrorenen Wassergläsern auf den Nachttischen ihrer Jugend, so kalt war's, musste es sein, ja, ja, heutzutage ist alles verweichlicht und hält nichts mehr aus.

Es war ein schattiges Tal, eigentlich eh' beinah eine Klamm (!), tief eingeschnitten der Bach, steile Hänge, an die sich die schmale Zufahrtsstraße legte, an der, wiederum, sich die schmucken villenartigen Häuser mit ihren Rücken an die steil ansteigenden Gärten schmiegten, viele mit Erdkellern, die meisten mit holzgeschnitzten, oft verglasten, Veranden zur Straße hin, manche mit unterschiedlichen Höhenlagen und Niveaus, *split-level*, sozusagen, durchaus spannend; immer hatte ich geglaubt, ich würde das jüngere, rückwärtige, Haus einmal erben, bin sogar einmal danach gefragt worden – von der zukünftigen *Vererberin*, der Nichte unserer Tante, die ja keine Tante war.

Ich weiß schon, wie ich drauf komm', der erste Satz in einem Buch, in dem ein Plastiksack vorkommt, mit weißen Pfirsichen, hat mich unlängst daran erinnert.

Eben, an den Garten, den steilen, Hang, nach Süden orientiert, im oberen Teil durchaus sonnig, aber halt mühsam zum Erklimmen; nicht nur einmal bin ich beim wieder Runtergehen auf feuchtem Klee und Breitwegerich ins Rutschen gekommen und hab' in den elend langen Schrecksekunden dann mein klirrendes Ende in der zersplitternden Veranden-Schiebetür gesehen...

Wobei, an diesem Punkt bin ich bissl traumatisiert, es ist einmal vorgekommen, dass ich die Kontrolle über eine Rodel verloren habe.

Ich muss wohl ungefähr sieben gewesen sein und es ist im verschneiten Garten im Wochenenddomizil einer verwandten Familie väterlicherseits passiert.

Von einem Hang, im Garten hinter dem Haus wollte ich gemütlich in den Garten rodeln, aber der Schwung war stärker als ich gedacht hatte, ich hab' damals – Gottseidank hat das niemand gesehen – eine Ligusterhecke durchbrochen und bin mit wachsender Verzweiflung und Geschwindigkeit durch das Tiergehege des Onkels gerattert, die Mufflons und Rehe haben sich wahrscheinlich ähnlich geschreckt wie ich, aber ich geb' zu, ich hab' geglaubt, dass ich sterben werde, dass es das jetzt gewesen ist.

Ich bilde mir ein, dass ich beim Hinunterrattern um Hilfe gerufen hab', am Zaun hab' ich mich dann gefangen, eigentlich beinah im Zaun, eine blutende Lippe hab' ich mitgenommen und mich furchtbar geniert, ich befürchte, meine Eltern waren auch nicht besonders stolz auf meinen unfreiwilligen Heldenmut und meine unglaublichen Rodelfertigkeiten.

Im Gegensatz dazu hat meine Schwester über ihren damals Vier- oder Fünfjährigen, meinen Neffen, erzählt, dass auch er einmal offenbar die Geschwindigkeit seiner Sitzschüssel unterschätzt hat; sie hat ihn nämlich damals aus den Augen verloren und beim den Hang hinunter Laufen ein Paar Spaziergänger gefragt, ob sie einen kleinen Burschen mit rotem Anorak in einer Sitzschüssel gesehen hätten – und hat die Antwort erhalten: „Ja, der ist da unten, in der Kurve, ausgestiegen" - „ausgestiegen"! Das heißt, er hat gemerkt, dass er's nicht derhalten wird und hat sich entschlossen, das Ende selber und kontrollierbar herbeizuführen, einen ‚planned accident' sozusagen - das ist cool! Es ist ihm nichts passiert, dabei.

Ah, ja, der steile Garten der Tante, die keine war ... im Bereich direkt ums Haus war weißer Kies gestreut. Darauf lag – in minutiöse Schlaufen gelegt und nicht zu berühren – der Gartenschlauch. Pfingstrosen und Rosen, Lavendel und blühende Rabattenstauden, ein Vogelbad, eine dezente Klopfstange. Die Wiese voll mit dem erwähnten Klee und Breitwegerich, ein Zwetschkenbaum, dessen Früchte der Mühe wegen kaum mehr geerntet wurden und dann als Fallzwetschken zur Beschleunigung der den Garten herunter Laufenden das ihre beitrugen.

Ein Stück weiter oben, Beete mit Blumen und vereinzelt Gemüse, ein Komposthaufen im Schatten eines Nussbaumes;

Dann, links, der Rosengarten der Nichte, mit Blick aus der Küche, ebenfalls auf eine Vogeltränke, auch hier Beete und Wiese, beides von den vielen Gastkatzen wahrscheinlich unmerklich versch..., die im Schatten des Vogelbades auf Desserts warteten.

Und dann, ein Stück weiter nach oben – die Pfirsichbäume! Weingartenpfirsiche, klein, mit weißem, aromatischem Fruchtfleisch, ein unvorstellbarer Genuss, so frisch vom Baum!

Ich kann nur leider keine mehr sehen; eines Sommers nämlich rief uns die Tante zur Pfirsichernte in den Garten – sie war überhaupt gut im Einteilen und der Meinung, so was muss man doch wollen wollen, und die beiden holden Töchter sollen mithelfen und sich freuen, auf Befehl.

Ich muss sagen ich bin keine Sammlerin. Das Ernten im landwirtschaftlichen Sinn ist nicht ganz das Meine. Möglicherweise jage ich doch lieber. Oder baue.

Jedenfalls erinner' ich mich gut an den ersten Schwarzwald-Urlaub, nie werd' ich das vergessen, glaub' ich. Meine, unsere Großmutter und ihre Tochter – unsere Mutter, also Oma und Mama, waren, das heißt, die Oma war und die Mama ist eine große Sammlerin vor dem Herrn. Das heißt auch Suchein und Finderin.

Wenn ich hätt' finden können beim Suchen, hätt' ich wahrscheinlich auch sammeln mögen. Schwammerln zum Beispiel. Aber ich hab' die einfach nie gesehen! Ich muss blind durch die Wälder gerannt sein. Rund um mich herum, auch direkt hinter mir sind die Freudenrufe der glücklichen Finder durch die Nadelbäume gehallt und ich hab' nicht einmal die leuchtend gelben Eierschwammerln gesehen! Zumindest nicht in einem Ausmaß, das es die Mühe wert gewesen wär'.

Und Beeren sammeln! Heidelbeeren, am granitenen Südhang bei Sankt Blasien, im Schwarzwald! Nicht nur Ringelnattern sind da auf den Steinen in der Sonne gelegen, da waren schon auch Kreuzottern dabei, manchmal. Aber, die waren eigentlich nie das Problem – die Langeweile war's!

Wir Kinder haben jede ein Blechhäferl in die Hand gedrückt bekommen (ich immer das Blaue, ich hab' das Gefühl, meine Schwester hat immer die roten und orangen Sachen ausgesucht – sie hat vor allem meistens *ausgesucht*, oder hab' ich, wenn ich „*aussuchen*" durfte, das genommen, von dem ich wusste, dass es überbleiben würde, denn das Ergebnis wär' wahrscheinlich das selbe gewesen, meine Schwester hätt' getobt, sie will das Rote und ich hätt' – geschnappt bei der Vernunft der älteren Schwester – das von mir gewählte Rote wieder abgegeben und das vertraute Blaue genommen... – egal), also wir sind mit den Blechhäferln dann im Hang gesessen und haben die Beeren einzeln hineingeklaubt und bis der Boden bedeckt war sind die blauen Perlen mit diesem Geräusch, diesem kleinen *„Plongg"* im Häferl gelandet und dann noch ein bissl drin herumgerollt... Ich hab' das Gefühl, bis der Boden bedeckt war, hat das immer eine Ewigkeit gedauert. Das Essen der Heidelbeeren hingegen war in diesen Stunden nicht so gern gesehen, bei Mama und Oma...

Deswegen, wegen dem Suchen und Finden und Sammeln – und wegen der schönen Landschaft – sind wir damals das erste Mal in den Schwarzwald gefahren. Ich durfte damals – wegen der Walderntesaison – und weil ich ja doch ganz gut war, in der Schule – die dritte Klasse zwei Wochen später beginnen, das heißt, ich war knapp acht, meine Schwester war gut fünf.

Und *wie* wir gefahren sind! Vier „Frau" hoch in einem Puch 500! Mit Dachgalerie und Koffern für drei Wochen, wir Kinder sind auf der Rückbank auf der Bettwäsche gesessen und die Oma, auf dem Beifahrersitz, hat während der ganzen Reise die Füße auf der Schuhtasche gehabt.

Drei Tage waren wir unterwegs!

Irgendwann ist der tapferen Rennsemmel die Lichtmaschine gegangen, oder so, jedenfalls wurde die Starterbatterie während der Fahrt nicht aufgeladen. Wir haben dann die Nachtquartiere nach der Straßenneigung vor dem Gasthaus oder den Körperkräften des Wirtes ausgesucht – und sind schließlich wirklich in Freiburg im Breisgau bei den Grimm's eingeritten, denen das Hüttle im Blasiwald (sorry, dort heißt's wirklich so) gehörte, um den Schlüssel zu holen. Ich weiß nicht mehr genau, ob das entfernte Verwandte oder Freunde der Oma waren, jedenfalls war der Vater der Familie ein nicht unbekannter Grafiker und Maler ... und den Apfelkuchen haben wir immer von rot glasiertem Steingut gegessen.

Wir haben einmal, viele Jahre später, aus Nostalgiegründen für meine Schwester einen solchen Teller aus einem Gasthaus geklaut – das heißt, er ist halt zufällig unter dem Essen, das wir eingepackt mitnehmen konnten, hängen geblieben – und mir hat eine Freundin zwei davon auf einem Flohmarkt gekauft, nachdem ich ihr davon erzählt hatte...

Also, nach dieser Jause in diesem schicken Freiburger Künstlerhaushalt haben wir dann die letzten Kilometer zum Hüttle gemacht.

Meine große Angst galt damals den Naturgewalten; vor allem Gewitter, mit Elektrizität, Sturm, Regen und Lärm haben so ziemlich alles an Panik angeworfen, was ich aufbringen konnte. Eine frühe Frage meinerseits, als es hieß, wir würden in den Schwarzwald fahren, war, ob's dort eh' keine Gewitter gäbe. Und die Oma hat doch prompt gesagt, *„Nein, nur ganz selten ganz schwache!"* Hm.

Das *Hüttle* war eine Holzhütte mit gemauertem Kamin, bestehend aus einem einzigen Raum mit Stockbettnischen, die mit Vorhängen zu schließen waren, das zweite Stockbett bissl um's Eck, so dass sich so was wie ein „Kinderzimmer" ahnen ließ.

Und das erste, auf das der Blick des eintretenden Menschen fallen musste, war die schwarze, verkohlte Blitzspur, die innen an der Giebelwand beim Kamin sichtbar war! Na, das muss wahrscheinlich das einzige gröbere Gewitter des Schwarzwaldes seit Auffaltung der Alpen gewesen sein!

Meine Schwester hat damals, am Ende des Urlaubes Lesen gelernt – auf den auf dem Boden ausgelegten Zeitungen, die wir ausbreiten mussten, um nach der großen Schlussreinigung, am Ende des Urlaubs, den Boden nicht erneut zu verschmutzen. Wir sind damals auf dem Bauch auf dem Boden gelegen und haben die Zeitungen gelesen! Dafür, dass ihr dann auf der Westautobahn, wo wir Kinder uns durchaus schon auf's Heimkommen freuten, *nicht* das W von Wien für ein S für Salzburg vorgemacht werden konnte, hat's aber nicht gereicht – sie hat wirklich bis kurz vor Wien gedacht, wir würden nach Salzburg fahren, das arme Kind!

Dafür war die Situation, in der wir dann Jahre später im Garten der Tante, die keine war, Weingartenpfirsiche pflückten, auch so, dass der

Liebeskummer die ganze Familie ins Chaos stürzte. Wir haben alle mitgelitten!

Ich war ziemlich frustriert, ich erinnere mich, dass mir dieses Schmachten und Endzeitstimmige nicht restlos zugänglich und mitvollziehbar war, damals. Ich hab' nicht ganz verstanden, wieso, wenn's *einem* nicht ganz gut geht, gleich *alle* anderen mitleiden müssen – ich red' nicht von der Verweigerung von Mitgefühl – *oh, contraire* – aber die emotionale Sippenhaftung hab' ich nicht ganz mittragen wollen.

Deswegen war ich wohl auch ein bissl unkonzentriert beim Pfirsichpflücken und hab' offenbar Kilos davon verschlungen, schlecht zerkaut und hektisch... Na ja, ich hab'' ja gesagt, ich kann eigentlich keine mehr sehen, seit damals, der Großteil ist nämlich wenige Stunden später, beinah unbearbeitet, retour gekommen... *Keine Details, ich weiß.*

Der Haushalt der Tante war ein Frauenhaushalt – die Tante, bis zu deren Tod ihre Schwester und deren Tochter, die erwähnte Nichte. Und die Dachsbracke, die Hündin Sissi, eine Walze, eine Tyrannin – alles in allem eine nette Gesellschaft.

Die Tante hat prompt Geschenke, die nicht ihrer Vorstellung entsprachen, zurückgegeben mit den Worten „Geh, der passt nicht zu meinen Sachen, kannst mir den umtauschen?" Sie hat uns geschickt, Ihr Kaffee und Schokolade zu besorgen und zu bringen, und dann reklamiert, wenn ein Etikett nicht grad darauf gepickt war. Es war beinah' eine Busch'sche Gesellschaft, in mancherlei Hinsicht, eine Weiberwirtschaft, eine komische.

Der einzige regelmäßig auftauchende Mann war – außer jungen Gartenhelfern – der so genannte „Herr Ingenieur", manchmal auch „Architekt" genannt, glaube ich – er war ziemlich interessiert, als ich mit meinem Studium begonnen hab'... Ich weiß nicht wirklich, welche Art Beziehung ihn in dieses Haus geholt hat, möglicherweise waren es wirklich die intelligenten Gespräche und Reisen mit der Frau Amtsrat, der Nichte...

... und dann – natürlich – unser Vater.

Ich unterstelle, er wurde von ihr immer ein bissl von der Seite angeschaut, ich befürchte, Sie hat tatsächlich gemeint, Ihre Seite der Familie (zu der ja auch unsere Mutter gehörte), wäre irgendwie *„etwas besseres“*.

Meinen Vater hat das nie sichtbar gestört, und ich glaube, auch unsichtbar nicht, er kannte an diesem Punkt keine Dünkel, sie sind ihm fremd, und damit wohl auch jeder bewertende Aspekt.

Dass es da Themen gibt, hat er aber schon erkannt.

Die Tante war ihren Prinzipien streng verhaftet, Ordnung, Disziplin, Form und eine etwas überwutzelte Sorte Stil waren ihr wichtig.

Sowas hat den Vater immer zum Widerstand gereizt. Nicht unbedingt Widerspruch, er hat da nicht diskutiert, er agierte dann einfach provokant und hat's dann mit Charme gebügelt ...

Ich erinnere mich, damals, jetzt weiß ich wieder, wie ich drauf gekommen bin, ich seh' uns sitzen um 14 Uhr in der Hinterbrühl vor der Jause, die wir noch nicht wollten, weil wir erst eine Stunde davor zu Mittag gegessen hatten, um eins, was für einen Sonntag und eine normale Familie eh' nicht extrem spät ist, aber für die Tante schon, die Tante hat nämlich um elf Uhr zu Mittag gegessen, die hatte um Zwei schon wieder einen Jausengusto.

Es gab Häferlkaffee in Jugendstilporzellan, im Vertikalschnitt quadratisch, mit dichten blauen Blumen, Astern oder so, und Goldrand, und die Untertassen waren flach und der Rand war in rechtem Winkel zwei Zentimeter hochgezogen, es war das *„Gute Geschirr“*. Und es gab *„Wasserbiskuit“* mit Ribiselmarmelade drauf, eh' gut, und es gab Schlagobers.

Rituell wurde es jedes Mal im Kühlschrank vergessen, rituell fragte unser Vater jedes Mal, *„Sag', fehlt da net was?“* und mit ritueller Koketterie tänzelte die (gefühlt *immer*) Siebzigjährige zurück in die Küche und brachte kichernd das hergerichtete Glasschüsserl und den großen Löffel.

Und immer hat der Vater zugelangt, so dass wir schauen mussten, dass wir auch noch einen Klecks auf den Kaffee kriegten und es war immer ein Spiel.

Der Vater ist auch immer eingeteilt worden; wenn er in den Bundesändern unterwegs war, hat er nicht nur einmal den bestellten Kofferraum voll frischer, saftiger, steirischer Äpfel zum Einlagern im Erdkeller beim Damenhaushalt abgeliefert, und natürlich auch herumgeschleppt...

Er hat Kaputtes repariert, hat geführt und gebracht, wusste Wege und Möglichkeiten, dafür hat er sich das Recht auf das Schlagobers genommen und das Recht, die feine Sprache nicht über Gebühr pflegen zu müssen. Selten sonst hat er vergleichbar ostentativ *„auffe"*, *„umme"*, *„eine"*, *„ausse"*, *„owe"* gesagt und jedes Mal hat die Tante rituell geschluckt...

Auch den Hund hat er provoziert – und er war der einzige Mensch, der den Hund, die Dachsbracke namens Sissi, zur Raison bringen konnte. *„Nein, da dürft's Euch nicht hinsetzen, das ist der Sissi ihr Sofa"*, so die erschreckte Rede der Tante an uns Kinder, die wir einen Wechsel der Sitzfläche dringend gebraucht hätten, und prompt haben wir Knurren und Zähnefletschen geerntet.

Die Situation: Der Papa erkennt, dass da eine Verschiebung der Hierarchie dringend erforderlich ist und lässt sich prompt neben dem knurrenden Hundsviech nieder, das seinerseits nach kurzem Aufbegehren den strengen Blick und die eindeutige Geste des Rudelführers anerkennt und sich erleichtert und friedlich auf einem kleinen Kaprizpolsterl zusammenrollt...

Die Bändigung der Dachsbracke ist inzwischen legendär, genau, wie die Bändigung der übrigen Damen des Haushalts.

Es war schon kurios.

Letzten Endes hat eine Partie Vanillekipferl dazugeführt, dass das Testament der Tante geändert wurde und ich nie das schicke Architektenhaus geerbt habe, sondern meine Schwester später nur zur Miete im Biedermeier-Steinhaus gewohnt hat.

Aber, das ist eine andere Geschichte.

Intermezzo: Drei Meter

Eigentlich, wie wohnt er?

Drei Meter unter mir.

Ich geh' durch meine Wohnung, durch mein Licht, ganz geläufig und selbstverständlich sind mir Stimmung und Funktion und drei Meter unterhalb existiert eine fremde Welt. Höchstwahrscheinlich.

Es ist ja nicht alles fraglich.

Einige Aktionen und Ereignisse sind grundsätzlich ihm zu zu ordnen. Ich weiß, dass er vor meiner Türe stand und mich beschimpft hat, auch, wenn er's abstreitet. Ich weiß, dass ich ihn gesehen hab', im Aufzug, nachdem wir zwei Sicherungen ergänzt hatten und diese unmittelbar danach wieder fehlten – es hat ihn halt niemand beim Tun beobachtet. Ich weiß, was ich in seinem Kellerabteil liegen seh', auch, wenn ich dafür keine Rechnungen mehr habe. Wer hebt auch Rechnungen für Türmatten auf?

Er wohnt direkt unter mir, oft hab' ich's überprüft, konnt's, wollt's nicht glauben. Kann mir immer noch nicht vorstellen, dass er in ähnlichen Räumen lebt, wie ich. Es muss so sein, die Wohnungen sind gleichzeitig saniert worden, ich kenn' den Planer, es gibt sicher nicht in jedem Geschoß verschiedene Grundrisse – über einander.

Wie wohnt er also – drei Meter unter mir?

Wo steht sein Esstisch, wo sein Bett, hat er eine Sitzgelegenheit, ein Sofa oder so?

Soviel ich weiß, raucht er; riecht es in seiner Wohnung so, wie's manchmal in meine Fenster steigt? Kommt der Geruch überhaupt von ihm? Bitte, mich jetzt nicht miss zu verstehen: Kocht er sich was? Was isst er?

Da lebt ein Mensch, seit über dreißig Jahren in demselben Haus.

Zuerst im Hoftrakt, der dann, im Zuge der Sanierung geschleift und die Familie umgesiedelt wurde in den Straßentrakt.

Ob seine Eltern davor oder danach gestorben sind, kann ich gar nicht sagen, sie dürften aber seine „Lebensbeziehungen" bestritten haben. Seit ihrem Tod – wann und wie auch immer – dürfte er, so sagt man im Haus, ziemlich konsequent alleine leben. Und Selbstgespräche führen. Gut, das sagt noch nichts, das mach' ich auch.

Wenn ich ihn seh', aus dem Haus gehen, vorerst immer dieselbe Richtung einschlagen, dann manchmal unvermutet einen anderen Weg gehen, die Runde offenbar auch variieren, denk' ich oft, wozu macht er das? Nie ein Behältnis, keine Tasche, nie Einkäufe, auch nichts, was auf einen Weg zu einer Arbeit schließen ließe. Wovon lebt er überhaupt?

Er trägt nicht immer dieselbe Jacke, aber auch nichts ausgeprägt Jahreszeit-Bezogenes; es ist immer eine Lederjacke, manchmal Rauleder, dann wieder glatt, die glatte dürfte wärmer sein, die raue ist mehr ein Lumberjack. Immer Jeans, an den Oberschenkeln speckig. Er riecht auch – seltsam. Eigentlich durchaus so, wie's manchmal in meine Fenster steigt.

Wer wäscht für ihn? Die Vorstellung, dass er selber eine Waschmaschine ein- und ausräumt, erscheint mir ähnlich absurd, wie das Bild von ihm am Herd.

Wann geht er schlafen, wann steht er auf?

In periodisch auftretenden Schüben höre ich seine „Selbstgespräche". Lautstarke Schimpf-Tiraden, oft unflätigsten Wortgebrauchs. Meistens auf einen Mieter oder eine Mieterin bezogen. Auch ich bin schon drin vorgekommen. Einmal – eigentlich könnte da alles beginnen haben - hab' ich seinen Schatten an der gegenüber liegenden Feuermauer gesehen, da kannte ich ihn noch nicht. Ich war so beunruhigt, dass ich die Polizei verständigt habe, weil ich den Eindruck hatte, es findet ein Streit zwischen zwei Personen mit potenziell gewalttätigen Handgreiflichkeiten statt. Die Beamten haben mich dann aufgeklärt, dass der Mann alleine ist.

Drei Meter unter mir, ein Leben, so fremd.

Ein Paralleluniversum.

Um ihn herum Menschen, soziale Gefüge unterschiedlichster Herkunft und Kultur. Lauter weitere Universen.

Und doch gibt es Zeiten, in denen diese Welten sich in eine einzige Richtung orientieren. Die Wochen vor Weihnachten sind eine solche Zeit. In den allermeisten Kulturen bereitet man sich auf ganz besondere Tage vor, die alle mit dem Leben an sich, mit Familie und auch mit Gemeinsamem zu tun haben.

Und ich frage mich: was wird sein, drei Meter unter mir?

Bei weitem nicht zum ersten Mal und dennoch, im Grunde, nicht weniger schmerzhaft, so stelle ich's mir wenigstens vor.

Ruft ihn jemand an? Lädt ihn jemand ein?

Wird er über die Weihnachtstage, wie sonst auch, seine seltsamen Spaziergänge machen?

Wie wird er dann heimkommen, vorbei am Innenhof, in dem schon Tage nach dem Fest die ersten abgeräumten Christbäume traurig vertrocknen, in seinen zweiten Stock hinauf gehen und seine Wohnung betreten, drei Meter unter mir, drei Meter unterhalb meines Christbaumes, meiner Vanillekipferl, meiner Geschenke – die ich, nach dem Heimkommen von der Familie, in aller Ruhe, im Kerzenschein, nur für mich, noch einmal „auspacke".

Das Sentiment, die Sentimentalität treibt seltsame, bunte Blüten.

Das kollektive Gefühl, die kollektive Weichheit dieser Tage trägt die Versuchung in sich, Dinge zu tun, die man im Vollbesitz der rationalen Fähigkeiten nicht einmal andenken würde: soll ich ihn drauf ansprechen? Sollte ich ihn gar auf eine Jause einladen?

Die Vorstellung, dass er bei mir in der Wohnung sitzt, lässt mich eine leichte Übelkeit verspüren, mir kräuselt's das Zwerchfell;

Trotzdem. Irgendwie lässt mir der Gedanke an eine derartige Einsamkeit keine Ruhe. Besonders um diese Jahreszeit.

Eine Einsamkeit, die ich durchaus auch von anderen Geschichten kenne, auch in meinem Freundeskreis, im Ansatz auch von mir selber. Oft wird die Einsamkeit gewählt, als das kleinere Übel.

Ich weiß nicht. Ich weiß auch nicht, ob der gesellschaftliche Druck, um die Weihnachtstage nicht allein sein wollen zu dürfen, nicht ohnehin eine künstliche Sache ist.

Eine, die uns aufgedrängt wird, weil ein Mensch, der die Gesellschaft die eigenen Person, und nur dieser, der Gesellschaft mehrerer halbherzig Anteil nehmender Personen vorzieht, a priori suspekt erscheint?

„I'll be home for Christmas" - was oder wo ist zu Hause? Sind nicht Menschen, die bei sich ‚zu Hause' sind, eher bei sich und daheim, als Menschen, die ihren Schwerpunkt vornehmlich im Außen suchen?

Wobei, das eine schließt das andere nicht aus. Und soziale Kompetenz, das soziale Spielbein, sozusagen, arbeitet ja auch nur gut, wenn das eigene Standbein gut verankert ist.

Wirklich, ich weiß auch nicht. Was ich kenne, ist durchaus Einsamkeit.

Das Gefühl, ausgeschlossen zu sein, die eigenen Grenzen sichern zu müssen, nicht nur gegen das, was von außen rein kommen könnte, sondern auch gegen das, was von innen rausquellen würde: Schmerz, Tränen, Fragen.

Die Weihnachtstage und ihr Zelebrieren des Gemeinsamen, der Freunde und der Familie, sind eine Zeit, in der die Sicherung der Grenzen in beide Richtungen nachlassen darf, in der die Grenzen durchlässiger sein dürfen. In der die Gefühle in beide Richtungen fließen dürfen...

... sind eine Zeit, in der wir den Blick heben dürfen, weil wir wissen, dass wir in ein Gesicht schauen werden, das sich nicht abwenden wird, weil wir wissen, dass, wenn wir den Bauch herzeigen, keine Klaue, kein Zahn hineingeschlagen wird, weil wir wissen dürfen, dass wir sicher sind.

Die Zeit um Weihnachten verspricht Unlogisches: dass nämlich just, wenn es am dunkelsten ist, die Erlösung am nächsten ist.

Dass das Licht sich nicht besiegen lässt, das Leben – wenn auch unsichtbar – immer weiter geht. Dass Verzeihen möglich ist.

Dass wir den Pott, den Kübel, mit dem Alten, das am Boden schon fault, ausleeren und mit einem leeren Kübel in den neuen Zyklus gehen dürfen. Dass wir jedes Jahr erneuert werden. In diesem Sinne mach' ich mir wirklich Gedanken. Bin recht verunsichert.

Hatte eigentlich gehofft, dass ich durch das Aufschreiben zu irgendeiner Klarheit kommen kann. Vielleicht wird's ja noch. Es sind eben immer Menschen. Immer. Menschen mit einer Geschichte, ihren eigenen Erinnerungen, Gefühlen, Freuden, Schmerzen.

Wenn ich nur wüsste, wie man einen Schritt tut. Ja, eh', einen Fuß vor den anderen setzen. Schon klar. Aber, mach' das einmal wirklich!

Was, wenn dort eine Falle liegt? Ein Hundehaufen, sonst was grausliches. Und vor allem, in welche Richtung sollte der Schritt gesetzt werden? Vielleicht einfach einmal auf den Menschen zu. Ohne erklärtes Ziel.

Vielleicht sollte man einfach einmal einen Schritt auf einen Menschen zu machen und ihm ins Gesicht schauen...

Vielleicht können drei Meter endlich überwunden werden.

„Du, Mama, icchh glaub' sicchha ...!"

Als der kleine Max das erste Mal erfasste, dass das Christkind Wünsche erfüllen kann, war ihm – so, um Mitte Dezember – klar, wer die verlorene Anhänge-Vorrichtung ersetzen würde. Darüber hinaus war es besonders wichtig, den aktuellen LEGO-Prospekt sehr gewissenhaft durchzuarbeiten und mögliche zusätzliche Wünsche vorzubereiten: „Jaa, das hätt' icchh aucchh gern, das Piratenschiff, und das „Pollezeih"-Boot, das hätt' icchh schon aucchh gern, und nocchh ein paar Schienen, jaa, die hätt' icchh schon aucchh gern...!"

Es ist nicht einfach!

Aber dann kommt, offenbar, die Überzeugung und die Erleichterung, das Allerwichtigste betreffend: „Du, Mama, icchh glaub' sicchha, das Christkind bringt die Anhängevorricchhtung!"

Das Christkind brachte die Anhängevorrichtung, natürlich. Selten hab' ich ihn so springen sehen, vor Freude, wie ein Rumpelstilzchen, so, als wär' dieselbe Anhängevorrichtung (die im Sommer davor auf dem Schuppendach gelandet war, beim Urlaub auf dem Bauernhof, und von dort nicht mehr herunter geholt werden konnte), als wäre die Nämliche, *höchst selbst* wieder zurückgekehrt.

Der Zauber ist ungebrochen.

Das Wunder findet jährlich statt, der Glaube daran wird konserviert.

Max ist jetzt ziemlich „cool", aber er schafft den Spagat zum „Häferl", er hat ein großes Herz. Und seine eigene Logik: Freunde brüsten sich mit dem Preis, den die Eltern für den Christbaum abgelegt haben: „Du, unserer hat dreihundert Euro gekostet!"

Max, lakonisch: „Zu was verscheisst's ihr so viel Geld, unseren bringt das Christkind!"

Ich bin gefragt worden, wie sein Stand ist, im Kreis seiner Freunde und Kollegen, ob man ihn nicht aufzieht, wegen seiner Naivität. Nein, ich weiß – komisch, ich selber hätt' mir so was nicht erlauben dürfen, aber den Max zieht man nicht auf, den Max lacht man nicht aus, der kommt dafür nicht in Frage!

Seine Schwester scheint zu schmunzeln. Es zeigt sich oft ein schmales Lächeln und das Blitzen des Schalks in ihrem Gesicht.

Man weiß nicht genau, was sie sich denkt, was sie von dem Theater hält. Man kann davon ausgehen, dass es in ihrem Kopf rotiert, jedes Jahr, und, dass sie an einer wi(e)(s)senschaftlichen Erklärung für den Christbaum und die Geschenke arbeitet und daran, warum die Erwachsenen sich doch merklich seltsam benehmen in den Tagen vor der Bescherung.

Dennoch nimmt sie (nachdem die Anzahl der namentlich zugeordneten Pakete und deren Größe blitzartig verglichen und gecheckt wurden) die Berge in Empfang, ohne ernsthaft zu hinterfragen, wo die Pracht denn nun wirklich herkommt.

Auf der anderen Seite wird in der Schule, wurde schon im Kindergarten, gebastelt, für die Eltern. Logisch darf man's nicht durchdenken, wieso die Kinder für die Eltern basteln und die Geschenke für die Kinder vom Christkind kommen...

Aber Erwachsene schreiben ja wahrscheinlich auch keine Briefe ans Christkind...

vielleicht sollt' man's wieder einmal probieren??

Würde ich diesen Gedanken der kleinen Anna präsentieren, würde sie möglicherweise den Kopf auf die Seite legen, mich anschmunzeln und im Augenblick nicht wissen, ob nun wirklich das Weltbild, das in ihr präzise zu wachsen beginnt, das logische, ganz richtig ist oder ob diese Überlegung vielleicht auf die Tante angewendet werden sollte ...

Es bleibt beim Selben, Der Zauber ist ungebrochen.

Das Wunder findet jährlich statt, der Glaube daran wird konserviert.

Auch die brillante Anna wird an den Punkt kommen, an dem sie dem Gefühl den Vorzug gibt, gegenüber dem Wissen. Max' Weg wird vielleicht der kürzere sein, wenn er sich nicht so weit weg bewegt.

Große Herzen haben beide. Große Wünsche haben sie auch.

Ein Jahr darauf ist der Stand folgender:

Man offenbart der Mama die Wünsche, die man ans Christkind hat, hinter vorgehaltener Hand.

Die Mama – vorsichtig die Ernüchterung anpeilend – räumt ein, dass das alles aber schon viel Geld kosten würde.

Die „logische" Antwort des Juniors: „Geh' Mama, deswegen wünsch' ich's mir ja vom Christkind!"

Inzwischen sind wir gefühlt beinah gleich alt. Wir spielen für einander.

Man wird sehen. Es wird dasselbe Ritual sein.

Die Tante wird am Christbaum die Kerzen anzünden, während die einreitende Restfamilie (diejenigen, die den Abend nicht vor Ort vorbereitet, sondern die Kinder beschäftigt haben) unter großem Hallo die ausgestreuten weißen Federn und die in den Büschen hängenden Strähnen von weißem Engelshaar und deren Herkunft diskutieren.

Max hat eine Zeitlang angemeldet, er wünsche sich, „dass alles genau so wird wie im letzten Jahr!"

Die Tante wird versuchen, das Anzünden der Wachskerzen gut zu timen, gleichzeitig alle Spritzkerzen zu starten, das Glockerl zu läuten und – durch die zweite Tür aus dem Kinderzimmer entkommen – so zu tun, als käme sie gerade aus dem Garten herein (es wird ohnehin schon besorgt gefragt, wo denn „die Ena" sei).

Die Tante – wissend, dass die kostbaren Spritzkerzen unbewundert und die Wachskerzen unbeaufsichtigt hinter der Tür vor sich hin knistern – wird aufs Eintreten drängen („Habt's Ihr das Glockerl gehört? Na hopp, hopp, geh'n ma nachschauen!!").

Und ein süßes Zögern wird die Vorfreude noch verlängern.

Und dann wird man die zweiflügelige Türe öffnen und da wird der Baum stehen und die Pakete werden darunter liegen, die nämliche Situation, die ich selber wenige Minuten davor in Gang gesetzt und mit einem letzten Blick zurück verlassen habe. ...

Und wie jedes Jahr werde ich mir denken (und nur ich kann's beurteilen!), da ist in der Zwischenzeit doch noch was passiert.

Der Baum hat sich noch einmal aufgeschüttelt, die Bänder liegen besonders schön um die Packerl, was glitzert, hat sich noch einmal aufpoliert, alles lächelt, es herrscht ein Schein, den's vorher noch nicht hatte. Ich denk' mir das jedes Jahr.

Eigentlich warte ich auf dieses Bild, auf diesen *einen* Moment, eigentlich geht es mir wohl *darum*.

Es bleibt dafür nur diese eine Erklärung: es hat - während wir draußen waren - doch noch schnell *jemand*, kurz, vorbei geschaut!

Die dritte Heilige Zeit

Oder die erste, im Jahr. Es kommt drauf an, von wo man zählt.

Als Familie besuchten wir die Verwandten, diese speziellen, wirklich nicht viel öfter, als dreimal im Jahr: zu Ostern, im August, konkret am Fest Mariä Himmelfahrt, und zu Weihnachten. Insofern also die dritte Heilige Zeit; weil aber der Ausflug meistens am Dreikönigstag angesetzt war, also Anfang Jänner, könnt' man mit dieser verspäteten Heiligen Zeit eigentlich anfangen, als wär's die erste. Soviel, nur der Bezeichnung wegen.

Es war durchaus ein Ritual - wie auch zur Tante, die keine war, machten wir uns wohl auch ins Burgenland regelmäßig zu spät auf den Weg. Es ist eben immer etwas dazwischen gekommen, regelmäßig wurde etwas vergessen, nicht gefunden, doch anders entschieden, wie auch immer... Eines Dreikönigstages sind wir um den Verwandtenbesuch unverschuldet umgefallen. Auf der Südautobahn, kurz nach der Wiener Stadtgrenze hat ein aus einem Winterreifenprofil geschleuderter Stein unsere unter thermischer Spannung stehende Windschutzscheibe getroffen. Man kann sich vorstellen, was passiert ist – der Vater am Steuer ist wohl die letzten schnellen Meter im Blindflug zum Pannenstreifen gefahren, ich selber kann mich nicht erinnern, ob das Craquelée-gesprungene Sicherheitsglas noch irgendeinen Durchblick erlaubt hat, ich erinner' mich nur an den Knall.

Ganz vorsichtig hat der leise fluchende Vater den Motor abgestellt, hat die Fahrertüre geöffnet und uns noch verboten, irgendetwas zu bewegen, um zu verhindern, dass die Scheibe ins Auto stürzt und hat dann mit der Kraft des unterdrückten Ärgers seine Fahrertüre – zugeschmissen ...

Na ja, die Mutter saß mit offenem Mund in den runden Glaskügelchen, schön gleichmäßig haben sich die Sicherheitsscherben im vorderen Bereich des Fonds verteilt und für einen Moment waren wir alle so still, wie's der Vater vor dem Aussteigen wohl gemeint hatte.

Die Heimfahrt war recht frisch.

Ich weiß noch, dass die Eltern uns empfohlen haben, irgendetwas vor Mund und Nase zu halten, um eine ernsthafte Verkühlung zu vermeiden und ich erinner' mich an den Geschmack der kondensfeuchten Kunstpelzquasten, die an meiner Winterhaube an langen Kordeln baumelten und die ich mir gemäß der elterlichen Ermahnung vor – eigentlich beinahe in - den Mund gehalten hab'.

Da fällt mich auch gleich ein:

Eingeschneit am „Kalten Eck"

Kalt war es in diesem Jahr wohl auch. (Viele Jahre später – um ehrlich zu sein, erst um Weihnachten 2010 – habe ich erfahren, dass die Tante einer Freundin an einem Dreikönigstag auf dem Heimweg von Ungarn in einer ganz ähnlichen Situation um ein Haar ernsthaft gescheitert wäre – das muss dasselbe Wetter gewesen sein!)

Der Dreikönigstag fand uns planmäßig beim Verwandtenbesuch, der gegen halb acht Uhr abends ebenso planmäßig in Beendigung begriffen war. Es hatte im Lauf des Nachmittags langsam zu schneien begonnen, erst zaghaft und dünn, dann immer dichter in immer dickeren Flocken. Als wir den Aufbruch in Angriff nahmen und die Großmutter ob der Sorge über unsere Heimfahrt zunehmend unruhig wurde, hatte es gut 25cm heruntergeworfen. Weil das Familienauto ein maßgebliches Arbeitswerkzeug unseres Vaters war, war es auch entsprechend ausgestattet und so hatten wir Schneeketten im Kofferraum, die die Spikes-bestückten Winterreifen im Fall der Fälle zusätzlich unterstützen sollten.

Nun hatte der Gastgeber dieses Familienfesttages, unser Onkel, die Jahreszeit wohl nicht richtig eingeschätzt und war mit Sommerreifen unterwegs. Der völlig unerwartete Schneefall machte ihm verständlicherweise größere Sorgen und so ließ unser Vater sich überreden, dem Onkel die Schneeketten da zu lassen, außerdem schwor er seit Jahren auf die Qualität der Arbeitsgemeinschaft „Spikes plus Frontantrieb" und ich unterstelle, dass er diese Chance, die oftmals diskutierte Überlegenheit dieser Kombination ein für alle Mal zu demonstrieren, gleichermaßen nutzen wollte.

Wir machten uns also mit dem obligaten, großmütterlichen „Und kommt's gut heim!" auf den Heimweg.

Ich muss gestehen, ich hatte Angst, ich hatte aber immer Angst.

Ich weiß eigentlich auch nicht genau, warum, unser Vater war schon damals ein routinierter, pragmatischer, logischer, manchmal vielleicht rasanter, aber nie gefährlich-riskanter Autofahrer und er kannte das Fahrzeug ebenso gut wie die Strecke. Er fuhr in allen Straßen- und Wetterlagen und eigentlich konnte ich ihm wirklich vertrauen. Ich hatte trotzdem immer Angst.

Wir waren wahrscheinlich auch müde und hinten, im Fond war es einige Kilometer lang nicht wirklich warm, mir war wahrscheinlich auch entsprechend kalt, aber diese Schüttelfrostanfälle, in denen mir die Zähne klapperten und ich Straßenränder, Gegenverkehr, Kurvenlagen und den Horizont flehentlich fixierte, so, als könnte ich allein durch meine Anspannung die Gefahren verringern, hatten bestimmt hauptsächlich panische Ursachen.

So saß ich also neben meiner Schwester auf der Rückbank und schlotterte. Wie's ihr gegangen ist, weiß ich eigentlich gar nicht, wir haben da nie drüber gesprochen. Ich wollte möglicherweise auch nicht, dass die Eltern merkten, in welche Panik mich diese Familien-Aktionen immer wieder versetzten. Ich dachte wohl, sie könnten es für mangelndes Vertrauen halten. Auch typisch.

Jedenfalls fuhren wir vorerst recht souverän durch die verschneite burgenländische Wald- und Hügellandschaft.

Zuerst ziemlich einsam, dann, als wir uns dem Bundesstraßennetz näherten, begleitet von einigen hängen gebliebenen PKW, die sich an den Straßenrand oder in den –Graben gerettet hatten und dort verschnauften, Ketten anlegten, auf den Abschleppdienst wartetet, einander Mut zusprachen, jedenfalls nicht allein auf weiter Flur hilflos waren.

Mit einer gewissen Genugtuung pflügte unser Audi Hundert mit Frontantrieb und Spikes an den glücklich Gescheiterten vorbei, ich bin nicht sicher, ob nicht von manchem neidischen Blick verfolgt, bis dann, oben auf der Kuppe, wo die Straße (Straße? Wo?) sich gabelt und rechts runter nach Lockenhaus führt, der Vater erleichtert (er muss doch auch ganz schön angespannt gewesen sein) also, bis er dann erleichtert ausrief „Kinder, ich glaub', wir haben's g'schafft!" - und dann war die Straße weg. Also, irgendwo drunter wird sie schon gewesen sein, ich glaube aber nicht, dass einer unserer Spikes irgendwo in ihre Nähe gekommen wär'. Eine vage Idee vom Straßenrand lieferten die Schnee-Stangen, die den nämlichen für ähnliche Fälle markieren sollten. So weit hat das ja auch funktioniert. Leicht irritiert von der unerwarteten Strafverschärfung haben wir uns dann nach halblinks in die Schneewehe geschmissen und uns durchaus noch ein paar Meter weit hineingefressen - bis wir dann unrettbar eingebaut waren. Kein Vor, kein Zurück, völlig unmöglich. Zwei, drei Mal hat der Vater noch angesetzt, dann hat er aufgegeben, er wollte es dann mit dem Spaten versuchen, aber für jede Schaufel Schnee, die er von einem Reifen weggebaggert hat, sind fünf weiter herunter gekommen. Und er selber war jedes Mal steif gefroren und zu geweht wenn es sich wieder ins Auto setzte. Es war natürlich nicht alles witzig in dieser Situation, meiner Schwester ging es zeitweise gar nicht gut, Mama hat dann mit mir den Platz getauscht und es sich neben ihr, auf der Rückbank, eingerichtet; ich habe den Rest der halben Nacht auf dem Beifahrersitz verbracht. Es ist auch uns damals seltsam vorgekommen, wieso auf einer Bundesstraße keine Spur von einem Räumfahrzeug zu sehen war. Es hat ja nichts geholfen, das ganze Mutmaßen, wir waren eingeschneit und es wehte wie am Nordpol auf dieser exponierten Kuppe. Tief unten im Tal waren vereinzelt beleuchtete Fenster zu erkennen, die nach und nach verloschen, wo Menschen sich in warme Betten kuschelten nach einem weihnachtlichen Feiertag, es muss da so ungefähr gegen zehn Uhr abends gewesen sein.

Von da an haben wir die Zeit mit Heizen-Frieren-bissl Schlafen-Warten auf den Schneepflug verbracht. Irgendwann hat die Mutter in einem Anfall von irrationaler Zuversicht herausgeworfen: „Kinder, sterben werd'n ma' da nicht!" Woher sie die Gewissheit genommen hat, weiß ich bis heute nicht, es hat mir aber geholfen. Ich war cool von dem Moment an. Das Aufheizen auf 30°, das Abkühlen auf 13°, das Warten, war alles kein Problem mehr. Ehrlich!

Irgendwann sind dann gegenüber Scheinwerfer aufgetaucht. Jubel! Aber nur kurz. Es war kein Schneepflug, sondern ein Bauernbursch im unbeheizbaren Vau-We-Käfer, der, ungenügend adjustiert, der

Allerliebsten im Nachbardorf einen Besuch abgestattet hatte und nun von der anderen Seite in derselben Schneewehe feststeckte! Der Vater kämpfte sich nach gegenüber und stellte beim Zurückkommen fest, dass wir wohl einen Übernachtungsgast haben würden, weil der hemdsärmelige Nachbar sonst womöglich vor unseren Augen erfrieren würde, wenn wir ihn nicht zu uns ins gut heizbare Auto nähmen. Dazu kam es aber nicht. Der ortskundige Junker meinte, er würde einen halbwegs nahe gelegenen Bauernhof kennen, wo man telefonieren könnte, es wäre nur eine halbe Stunde querfeldein. Huah – Stoff für einen Gruselkrimi. Oder für die Archäologie der Zukunft: fünf Skelette, drei weibliche in einem Blechkübel und zwei männliche in einer kreisrunden, einen halben Meter tiefen, Rinne, mit 100 Meter Durchmesser, liegend. Nicht feststellbar ist die Beziehung, die die fünf Skelette möglicherweise zu einander hatten... auch unbekannt das Ritual, in dem die beiden Männer geopfert wurden...

Na ja, so ist es ja nicht gekommen. Die beiden Männer starben nicht in ihrer kreisrunden Verirrung, sie dürften den Bauernhof auch gefunden haben, nur machte ihnen in dem Schneesturm niemand auf – so viel zur Herberg Suche...

Egal – wirklich wurscht, weil, kurz nach Rückkunft der Helden erfüllte warm-gold-orangefarbenes Blinken die eisblaue Sturmlandschaft – erraten? – der Schneepflug! War angeblich selber eingeschneit in Lockenhaus. Hat uns dann rausgeschaufelt. Mit anderthalb Zentimeter Abstand schrammte die Schaufel am heiligen Lack des Audi Hundert mit Frontantrieb und Spikes über die gefrorene Straßenoberfläche.

Der Vau-We-Käfer setzte seinen Weg fort und auch wir machten uns schließlich auf den restlichen Heimweg. Den Schneepflug haben wir damals bis zur Autobahn nicht mehr aus dem Lichtkegel unserer Scheinwerfer gelassen.

Der brennende Adventkranz

Kerzen nicht unbeaufsichtigt brennen lassen!

Wenn Sie Wachskerzen am Christbaum haben, achten Sie auf die Abstände zu darüber hängenden Zweigen, Zuckerlpapierln und anliegenden Vorhängen und halten Sie einen Feuerlöscher oder einen Wasserkübel (gefüllt!) bereit!

Wie viele Wohn- und Kinderzimmer (auch die der Nachbarn!) enden nach dem Heiligen Abend verkohlt und vom Löschwasser zusätzlich zerstört und führen die Bemühungen um Frieden und Harmonie ad absurdum?

Uns passiert doch aber sowas nicht, wir passen doch auf, wem sowas passiert, die müssen ja völlig unfähig sein – ja?

Na ja, gut. Aber es kann dann doch schneller gehen, als einem lieb ist.

Also, ich war noch ziemlich jung, fast klein beinah, die Schwester umso kleiner.

Damals war Bescherung immer in unserem Kinderzimmer.

Die Raumbeleuchtung war eine Art „Luster", ein Holzleisten-Dreieck, die Kabel in Tetraeder-Form zum Deckenauslass geführt und an den Dreiecksecken je eine Fassung für eine Glühlampe und ein von der Großmutter handbemalter, zylindrischer Pergamentschirm: Sonne, Mond, Sterne. Sehr schön!

Unterhalb dieses Holzleistendreieck wurde jedes Jahr an Bändern der Adventkranz befestigt und baumelte dann zwischen den Lampenschirmen. Auch sehr schön.

Gut, und dann war Christkind und wir Kinder waren wild am Auspacken gewesen; und während die Mama brav den serbischen Karpfen mit Knofelbutter und Vogerl-Erdäpfel-Salat fertig machte, waren wir Kinder mit den Geschenken beschäftigt und der Papa einen Sprung in den Keller um eine Flasche Wein und niemand dachte an die Berge von Einpackpapieren, die sich da unter der Kinderzimmerlampe aufgefaltet hatten, und drüber knisterten die Kerzen am Adventkranz.

Eine davon schon das fünfte Mal, mindestens: vier Advent-Sonntage und der Heilige Abend. Das nimmt so ein Stumpenkerzerl schon ganz schön her. Das kann sich zum Schluss vielleicht auch nicht mehr ganz grad halten. Oder die Balance des hängenden Kranzes wird sowieso immer labiler, jedenfalls ist die Konstruktion wohl in eine Schieflage geraten und offensichtlich waren die Bänder, mit denen der Kranz am Holzleistendreieck des Lusters befestigt war, recht bereitwillig Feuer und Flamme für die neue Dynamik...

Also. In dem Moment, als der Kranz von den Bändern nicht mehr gehalten werden konnte und sich auf den Weg in die aufgefalteten Gebirge von weihnachtlichen Einpackpapieren machte – in diesem Moment schloss der Papa die Wohnungstüre auf, mit zwei Flaschen Wein in den Händen. Die hat er relativ schnell abgestellt. Und ist durch das Wohnzimmer zum Kinderzimmer gesprintet. Quasi parallel zur Abwärtsbewegung des inzwischen lichterloh brennenden Adventkranzes. Und hat den mit ausgestreckten Armen aufgefangen...

Kehrt marsch und ist ins Badezimmer gerannt (zum Glück war unsere Wohnung nicht wirklich riesengroß), wo er den Kranz in die Badewanne hat fallen lassen und kurz abgeduscht hat.

War eh' kein Problem. Ist eh' nix passiert. Auch dem Papa nicht. Ein paar Wachstropfen vielleicht in den wieder verwendbaren Einpackpapieren, aber damit konnten wir leben.

Der Goldfisch (ein Fragment)

Die Bezeichnung ist nicht ganz korrekt, er ist kein Goldfisch im eigentlichen, dem landläufigen Sinn. Aber davon später.

Die Stille des Aquariums, seine Beschränktheit und schwebende Leichtigkeit, in der jede heftige Bewegung eine Erschütterung verursacht, war, was ich damals suchte.

Seine Genügsamkeit, die Selbstverständlichkeit seiner Existenz ist, was mich nun, nach über dreiundzwanzig Jahren, an ihn bindet.

Letzteres liegt zwar im Wesen aller Natur, aber ins Leben eines Menschen hereingeholt, das fremde und doch vertraute Element so nah, auf gleicher Höhe, das gibt dem Zusammenleben mit dem Fisch etwas anachronistisches, vielleicht sogar auch im korrektem Sinn des Zeitlichen.

Denn der Knochenfisch ist ein altes Tier.

Nicht ganz so alt wie der Knorpelfisch, natürlich, und um einiges jünger als der Silberfisch, aber doch – seit einiger Zeit nahezu unverändert, weil optimal an seine Umwelt angepasst.

Gold- und Silber-Fisch. Der Mensch umgibt sich gern mit Kostbarkeiten.

Aus der Überordnung der Echten Knochenfische (Teleostei)

Entwickelte sich, unter anderen, die Ordnung der Karpfenfische (Cypriniformes), daraus eine Unterordnung der Karpfenähnlichen (Cyprinoidei), daraus die Familie der Weißfische (Cyprinidae), daraus die Gattung der Karpfen (Cyprinus)

Daraus entstanden die beiden Karpfenfische Cyprinus auratus (Mats), der Koi-, Zier- oder Goldkarpfen, und der Carassus auratus.

Er kommt zur Futteröffnung der gläsernen Abdeckscheibe und verlangt nach Leckerbissen.

Eigentlich verlangt er schlicht Essbares.

Goldfische sind anspruchslos und grundsätzlich robust.

Sie sind Allesfresser, knabbern ebenso gern an ihrer Aquarieneinrichtung, wie sie sich durch Lebendfutter zum Jagen inspirieren lassen. Wenn es „sein muss", entwickeln sie sogar kannibalische Züge...

Noch nie zuvor, und auch danach nicht wieder, ist mir ein tieferes Schwarz als das seiner Pupille begegnet. Man sagt, das Bild, das Goldfische optisch wahrnehmen, ist durchaus dem menschlichen Sehen vergleichbar.

Schaut er mich an? Treffen sich unsere Blicke wirklich, oder kommt mir nur vor, dass er mir folgt, soweit es das Glas zulässt?

Dass er mich, wenn er könnte, im Vorzimmer begrüßen würde...

Durchaus so etwas, wie eine Beziehung, eben.

Man sorgt für einander, jede und jeder nach ihren oder seinen Möglichkeiten.

Newsflash:

Am Mittwoch, dem 15. Juli 2009 verstarb der Koi, achtundzwanzigjährig. Ich war im Ausland. in Kosteletz. Der Nachbarin, die mir am Donnerstag Bescheid gab, habe ich das Versprechen abgenommen, sich selber keinen Vorwurf zu machen und das Aquarium mit einem Badetuch abzudecken.

Am Sonntag hat mich Lisa bei dem schweren Gang begleitet. Ich habe den Fisch, der bereits mit aufgeblähtem Bauch an der Wasseroberfläche baumelte, tief gefroren, nachdem ich ihm den Bauch aufgeschnitten habe, ihm einen Herzstich versetzt hab', quasi (eigentlich wollte ich wissen, ob sich die Todesursache feststellen lässt), also, ich hab' ihn tief gefroren und am Mittwoch Abend der darauffolgenden Woche im väterlichen Kleingarten unter Thujen, im Schatten des E-Kastens, begraben. Panta Rhei!

Das leere Aquarium ist lange gestanden. Zuerst mit dem Wasser, das ich sukzessive in meine Zimmer- und Fensterblumen ver-gossen und auch als „letzten Gruß vom Sebastian" an wissende Freunde verteilt habe. Es ist gar nicht so leicht, den Kies und die Geräte und letztendlich das große Glas loszuwerden...

Über Wochen habe ich regelmäßig vor dem Aufwachen das Plätschern und seine Geräusche gehört.

Der Felix, die Meersau und das Hasui

Irgendein Tier war ja eigentlich immer da.

Ganz abgesehen von den Trabern. Ein Exkurs ins Pferdezüchten. Ich habe Pferde immer geliebt. Sie waren das erste, was ich wirklich gut zeichnen konnte. Der Großvater, dessen Fingerspitzen-Form ich geerbt habe, war wohl auch ein Pferdemensch. Ihn hat so gefreut, als ich (was ich unbedingt wollte, zugegeben, auch, weil eine Schulfreundin das auch durfte) begann, Reitstunden zu nehmen, dass er mir eine Rolle Rauleder geschenkt hat, mit dem Wunsch, daraus den Belag an der Schenkelinnenseite der Reithosen machen zu lassen. Irgendwo muss diese Rolle noch immer rumliegen, wahrscheinlich im „drüberen Keller"; der „drübere Keller", in dem seit vielen, vielen Jahren – die Jahre lagern, die Zeiten, die wir noch nicht ihrem Vergehen überantworten konnten, wie in einer Kuriositätensammlung, in Einsiedegläsern und Spiritus, mehrköpfige Grottenolme, seltene Kristalle, Fledermauszähne – ich muss sagen, die Assoziation mit dem Alchemie–Labor – oder dessen Vorratskammer fühlt sich durchaus stimmig an; alte Puppenküchen, also, so alt auch nicht, aus den 1960er Jahren, eben, ältere Flecht-Puppenmöbel, Bücher, Berge von Büchern, Schulsachen, Sitzmöbel, mein Diplom-Modell, das nach dem Studienabschluss eine Zeitlang als dekoratives Element – die Zusammenarbeit zwischen Kunst und Wirtschaft repräsentierend – in einem Meinungsforschungsinstitut einen wertgeschätzten Platz hatte; auch der 70er-Jahre Lüster, das Drahtgestell mit den aufgebogenen Stab-Enden, an die, mit ihren kleinen Bohrlöchern, die runden Glasscheiben gehängt wurden, in unserem Fall, die mit den Cola-Zitron-braunen Zentren… und – verwaiste Haustierkäfige, Reitstiefel … beim „Pferde-Großvater" habe ein Buch über das Arabische Vollblut gefunden „Allahs liebste Kinder". Es hat mich so fasziniert, dass er mir anlässlich eines Geburtstages oder Weihnachtsfestes mein eigenes Exemplar geschenkt hat. Ich hab's noch immer. Ich habe in der Schule sogar ein Referat über diese Tiere gehalten, ich will gar nicht wissen, wie sehr ich die Klasse damit gelangweilt habe, in der ich damals ohnehin keinen guten Stand hatte. Ich war wohl eigenartig, bissl g'spreizt, uncool, und dann dieses Referat. Peinlich.

Natürlich Haustiere, im engeren Sinn, hatten wir auch;
aus einer von der Tante (einer, die wirklich eine war) selber gezogenen Brut kam unser Felix. Er war wirklich eine Mischung aus einem Stieglitz und einer Kanarie: Bunt und scheckig wie der Stieglitz, aber alles mit dem Kanariengelb unterlegt: seine Brust war zur Hälfte Gelb, bis zum Gürtel,

quasi, die beim Stieglitz teilweise weißen Flügelfedern waren dort ebenfalls zitronengelb und das rote Stieglitzgesicht hat in einem Kupferorange geglänzt. Er war ein Bild. Im Genick hatte er zwei weiße Flecken. Ich hab' damals geglaubt, jedes Bastartl müsste die haben. Der Großvater hat sich später, einen von einem Züchter, eine Kreuzung mit einem orange Kanarie, zugelegt, der hatte diese weißen Flecken nicht und für mich hat ihm immer was gefehlt. Wichtig war aber auch der Gesang! Bastartln können das wilde, differenzierte Lied des Stieglitz, strukturieren es aber wie ein Kanarie und können obendrein meistens auch noch rollen!

Der Felix hatte einen alten Holzkäfig mit abnehmbarem Flachdachdeckel. Er ist nach dem Fliegen also immer nur von oben heimgegangen.

Und der Felix durfte oft fliegen! Er hat die Ideallinien vom Kinderzimmer ins Bad genommen, haarscharf an den Türstöcken vorbei. Das musste man wissen, denn man durfte ihm da nicht begegnen, er hätt' in der Luft nicht ausweichen können. Im Badezimmer hat er – gebadet. Während der Käfig geputzt oder nur das Futter erneuert wurde; im Kinderzimmer hat er uns beim Aufgabemachen zugeschaut. Er ist mit seinen langen Vogelfüßen über unsere Schulhefte gehopst, hat hin und wieder ein Schwatzerl los gelassen und die Seitenränder, vor allem die Ecken, abgeknabbert. Viele unserer Schulhefte hatten nachträglich erworbene „Büttenränder";

hauptsächlich aber ist er auf unseren Köpfen gesessen. Beim Schreiben eher auf den Hinterköpfen, wenn wir uns aufgerichtet haben, ist er, der Kopfbewegung folgend, rasch in Richtung Frontaler Kortex gekrabbelt. Er hat unsere Haare durch den Schnabel gezogen, bissl gebohrt und Nester gebaut. Ich hab' das eigentlich immer lustig und angenehm gefunden. Wir sind mir ihm auf den Köpfen durch die ganze Wohnung marschiert und er hat oben um die Balance gekämpft…

eine Zeitlang hatte er Probleme. Emotionale. Er ist uns angeflogen. Aufgeplustert und mit angriffs-offenem Schnabel hat er uns attackiert. Wir sind damals für Wochen nur mit Winterhauben und Sonnenbrillen herumgerannt, wenn er ausgelassen war. Er hat sich irgendwann beruhigt und wurde wieder „normal". Wobei, „normal" war der Felix eigentlich nie. Er hat, leise zwitschernd, unsere Finger abgeknabbert, wenn wir sie ihm in den Käfig gesteckt haben, er hat Gugelhupf gefressen und hobbymäßig kleine Knöderln in Baumwollfäden gekaut, die wir ihm von seinem Flachdachdeckel in den Käfig gehängt hatten. Rückblickend wundert mich, dass er nicht sprechen konnte... mit vierzehn Jahren ist er krank geworden und hat rasch abgebaut; ich weiß noch, dass er sich von mir ohne Widerstand nehmen und den Popo in kühlem Kamillentee hat baden lassen. Trotzdem hat er sich nicht erholt. An dem Tag als unser Vater angekündigt hat, dass er ihn, wenn er's nicht selber schaffen würde, am Abend erlösen würde, haben wir ihn am Nachmittag am Käfigboden gefunden...

Danach haben wir immer wieder versucht, einen Vogel zu haben, ja, ich weiß, wie das klingt. Auch ich hatte einen Kanarienvogel, als ich in meine Wohnung gezogen bin, eine Wildform, grün wie ein Grünfink. Mit der Zeit sind sie alle eingegangen. So, wie der Felix, war keiner. Der letzte, „Vogi", auch eine Wildform, der bei Muttern wohnte, ist – ähnlich wie der Hase (später!) permanent frei geflogen; irgendwann dürfte dann doch ein Fenster unbeaufsichtigt offen gestanden sein. Hoffentlich hatte er noch ein paar große Augenblicke...

Nach dem Tod eines Meerschweinchens wollten wir in einer renommierten Wiener Tierhandlung ein neues finden. Und dann sind dort – damals war das noch nicht verboten – im Gehege mit den Meerschweinchen, auch Zwergkaninchen in der Auslage gesessen; bunte und graue. Wir waren völlig verunsichert. Wir haben hin und her überlegt und „diskutiert" und uns (ich bilde mir ein, das war von Anfang an ihr eigentlicher Wunsch), unmerklich von Mutters Argumenten bestärkt, für ein kleines, graues Zwergkaninchen entschieden. Vierhundert Schilling hat der kleine Hase, ein „Chinchilla-Zwergkaninchen", damals gekostet; wir haben's dem Papa am Abend gesagt; ich erinnere mich dass wir alle drei das Gefühl hatten, wir hätten das nicht tun sollen...

Der kleine Hase hat seinen Käfig bezogen und am nächsten Morgen war er nicht mehr drin. Gefunden habe ich ihn rasch unter einem unserer Betten, sich putzend, die kurzen, dicken Ohren durch die Vorderpfoten ziehend, wie ein Großer, inmitten einer Unmenge gleichmäßig verteilter Bemmerln, kugelrund und schokoladebraun, mit ungefähr vier Millimeter Durchmesser. Von diesem Zeitpunkt an hat der den Käfig nicht mehr als solchen benutzt, sondern es ist ihm nur noch der Käfigunterteil, ohne Gitter, mit Heu und Holz und Futter, offen zur Verfügung gestanden. Sehr schnell war er zimmerrein und ist, mit so einer Haltung „also, ich hab' jetzt was ganz Wichtiges zu tun", in den großen Blumenuntersetzer gegangen, der – mit Küchenrolle ausgelegt – dauernd im Vorzimmer bereit gestanden ist. Kein Hase wischerlt ins eigene Nest, wenn er gesund ist, und das Nest von unserem war eben die ganze Wohnung, quasi.

Der Papa war gar nicht sehr begeistert. Er hat sich nie als Haustierliebhaber geoutet. Er ist mit bäuerlichen Nutztieren aufgewachsen, die haben entweder gearbeitet oder man hat sie gegessen. Streicheln war da höchstens zum Beruhigen vor Notwendigem zulässig. Der kleine graue Hase hat aber den Papa geknackt. Plötzlich wollte man doch ein Streicheltier für den Schoß am Abend. Nur – das Tier wollte das nicht. Man darf Hasen und Kaninchen nicht unrecht tun – sie sind weder wehrlos noch Hasenfüße und sie können böse knurren! Streicheln auf dem Schoß war ausschließlich zu vom Tier gewählten Zeitpunkten und für ebensolche Zeiträume möglich! Da sind Hasen Katzen nicht unähnlich.

Irgendwann haben wir bemerkt, dass der kleine Kerl abbaut. Der Tierarzt hat die Zahnfehlstellung festgestellt: die oberen Nagezähne haben sich nach innen, die unteren nach außen gebogen, eine Katastrophe. Sie mussten regelmäßig gekürzt werden. Viele Hasenbesitzer kennen das Problem. Ein Horror, man stelle sich vor, man kriegt ein überdimensionales, kaltes Stahlwerkzeug in den Mund geschoben und dann kracht's und eine Zange zwickt einem, wie ein Bolzenschneider, Zähne ab. Die armen Viecher müssen ja glauben, es sprengt ihnen das

Hirn aus dem Schädel, so klein kann's gar nicht sein, das Hirn, dass das nicht furchtbar sein muss.

Wir haben zweimal die Tierarztkosten für die Zahnschnei-deaktionen gelöhnt, dann hat der Papa gemeint, das können wir selber und so haben wir's dann auch gemacht: alle drei Wochen wurde der Esstisch abgeräumt und Jagd auf das Zwergkaninchen gemacht – das sich ja, wie man weiß, nicht einmal zum Streicheln gern einfangen hat lassen. Vier Menschen konnte er dann aber doch nicht entkommen und so war das Ritual jedes Mal dasselbe: zwei von uns mussten das Tier fest-, eine sich selber Augen und Ohren zuhalten und der Papa führte das Werkzeug. Man kriegt eine recht gute Übung und ein Glück dürfte sein, dass Hasen offensichtlich wirklich kein allzu gutes Gedächtnis haben. Nach dem Kracher haben wir ihn so schnell wie möglich ausgelassen und sofort hat dich der Hase an die Reinigung des, von den menschlichen Schwitzhänden völlig versauten, Fells gemacht. Das ist wahrscheinlich schon auch Stressabbau. Es ist doch einige Jahre so gegangen. Irgendwann haben wir uns entschlossen, die unteren Zähne ziehen zu lassen; in Vollnarkose haben Tierärzte von der tierärztlichen Hochschule den nicht unriskanten Eingriff vorgenommen. Die Mutter, die dabei war, also im Wartezimmer, sagt, sie hat den Hasen schreien hören. Das war damals noch im Dritten. Als ich die Vet für meinem Koi brauchte, war die Uni bereits in den Einundzwanzigsten umgezogen. Der auf Koi spezialisierte Tierarzt, der Sebastian schon vorher einmal narkotisiert und ihm einen Einlauf verabreicht hatte, hatte den Termin vereinbart und mir mit dem Transport geholfen; in einem ovalen Dispersionskübel hat sich der Fisch auf der Fahrt im Auto in die Fahrtrichtunggestellt und beinah wie Heringssalat ausgeschaut, den findet man im Kühlregal ja auch in ovalen Doserln; Sebastian hat damals (weil sich an seinem Bauch ein Dippel abzeichnete und wir sicher gehen wollten, also, ich, vor allem), ein Röntgen und ein CT bekommen, beim Ultraschall wollte man uns zuerst zugunsten einer Katze warten lassen, wir hatten ja „nur einen Goldfisch", aber ein kurzer Protest hat das dann rasch abgestellt. Da durfte ich dann dabei sein, die Katze hat mit Appetit herübergeschielt, Sebastian war cool

- what else - trotzdem. So, wie wir dem Hasen die unteren Nagezähne bis zum Schluss selber geschnitten haben, habe auch ich den Koi einmal selber narkotisiert und einen Einlauf verpasst, wir haben uns schon einiges angetan für unsere Haustiere, das war schon immer so.

Meine Schwester ist da aber wahrscheinlich am konsequentesten.

Seit Jahren leben Katzen bei ihr, obwohl sie an verschiedenen Allergien, auch gegen Tierhaare, und auch mit Asthma, leidet. Aber Katzen liebt sie so sehr, dass sie sich offenbar selber desensibilisiert hat, wenn so was möglich ist. Ein schwarzweißes Brüderpaar, von einem Bauernhof, waren ihre ersten Katzen. Eine komplexe Geschwisterbeziehung – kommt mir bekannt vor? – drei Umzüge haben die beiden mitgemacht. Nach dem Tod des dominanten Bruders war das Aufleben des anderen, der schon Knieoperationen hinter sich gebracht hatte, nicht zu übersehen. Jahrelang Wohnungskatzen haben sie sich rasch an den grünen Innenhof gewöhnt und wiederholt auch Mäuse als Beitrag zum Futterbudget heim gebracht. Meine Schwester hat die armen, also, die armen Mäuse, dann entweder gerettet und in den Nachbargarten entlassen, oder, wenn nichts mehr zu retten war, erlöst und entsorgt. Tapfer!

Schnecki ist auch schon lange nicht mehr. Nach seinem Tod kamen die beiden Katzen unseres Vaters zu ihr. Die sind eine eigene Geschichte. Wie man inzwischen weiß, hat der Papa ja erst am widerspenstigen Hasen seine Liebe zu Tieren mit Fell zu deklarieren gelernt.

Er hat damals viel Zeit in seinem Gartenhaus verbracht. Eines Abends haben er und seine Lebensgefährtin ein leises Wimmern bemerkt, das sich durch das Regenrauschen ins Haus quälte.

Kaum war die Haustür offen, flitzte ein winziges nasses, schwarzes – Dings ins Haus und in die hinterste Ecke unter die Sitzbank. Dort wurde es dann von G. als völlig durchnässtes Kätzchen identifiziert. Man wollte ja keine Katze. Aber das da war nass und kalt und verängstigt und soo süüß und musste sich erst einmal aufwärmen und bissl was essen und trocken werden und dann würde man schon weiter sehen

Was soll ich sagen?

Ich hab' einmal einen Hamster gefunden; es war eine Novembernacht, die erste wirklich kalte im alten Herbst. Ich bin heim gekommen, weiß nicht mehr von wo, ich glaub', es war was Unangenehmes, wenn ich mich nicht irre, bin ich dort aufgestanden und gegangen, überstürzt und früher als geplant, weil ich mich sehr geärgert hab'; beim Ankommen auf meiner Etage hab ich das rotierende Fellpolsterl entdeckt: auf einem Stück Zeitungspapier, auf der dritten Granitstufe abwärts auf der Treppe, um eine verhutzelte Karotte herum. Es hatte lange, semmelblonde Haare und war kaum eine Handfläche lang. Es war in Not. Ich hab eine leere Pappkartonschachtel, mit Küchenrolle ausgepolstert und mit bissl Überredungskunst das Viecherl hineinbugsiert. Drin hab ich ihm mit einer Pipette verdünntes, lauwarmes Milcherl mit Notfalltropfen gegeben und es hat's prompt genommen. Dabei hab ich seine Nagezahnderln gesehen, reinweiß und noch bissl durchscheinend, es muss ein Baby gewesen sein. Ein Baby-Teddyhamster. Ein Goldhamster ist ein Wüstentier, der braucht's warm, nicht schwül, trocken-warm, der verträgt keine Kälte, der geht ein nach Stunden auf kaltem Granit, im Winter. Er ist nicht eingegangen, noch nicht. Es war Samstag. Am Montag früh hab ich einen dreigeschossigen Hamsterkäfig besorgt. Ganz oben wollt' er schlafen – im Pennt-Haus, wo man pennt, halt. Nur für ihn hab ich das Nestlé-LC1-Joghurt gekauft; ein Hamster ist eine Maus, und so wie die, will der auch manchmal tierisches Eiweiß: Käse (Grana!), Joghurt, Mehlwürmer; Mehlwürmer hat er zu Weihnachten gekriegt. Einzeln hab' ich sie ihm serviert und er hat sie (fast möcht' ich sagen, mit breitem Grinsen) einzeln genommen, in seine zwei Vorderpfoten und hat ihnen genüsslich zuerst den Kopf abgebissen; den Rest hat er gegessen, wie wir Bananen essen... Ich hab' wirklich mit wenig ein Problem, aber was mir die Schulterblätter kräuselt, ist wurlendes Wurmzeugs. Schon die Tubifex für den Sebastian waren nicht ganz einfach – aber Mehlwürmer ... egal, er hat sie geliebt, der Hamster. Irgendwie dürfte er aber doch was abgekriegt haben, in den Stunden im Stiegenhaus, weil, wirklich ganz anschmiegsam war er nie (das sind Hamster auch nicht automatisch, aber dieser Moritz war ziemlich spröd). Trotzdem kann es ihm nicht schlecht gegangen sein;

leider hat das Glück nicht lang gedauert: schon im Sommer darauf, an einem furchtbar schwülen Julitag, bin ich überraschend (mir war auch nicht gut) am frühen Nachmittag heimgekommen; Irgendwas war komisch. Der Moritz war nicht in seinem Pennt-Haus, ich glaube, ich erinnere mich, dass er da schon halb unter-hinter dem Laufrad gelegen ist, so, als wollt' er sich verkriechen. Es war offensichtlich, dass das nicht in Ordnung war. Er war ganz schwach und wacklig. Geschwankt hat er öfter. Ich hab' bemerkt, dass das nix mehr wird und ihn vorsichtig heraus und auf meinen Arm genommen. Da hat er dann mit einem schweren Seufzer und bissl Blut aus Mund und Nase ausgeatmet… Er liegt unter der Eibe, so wie der Kanarie Johann-Oskar, auch. Ach ja. Wo war ich?

Der Maunzer blieb. Er war ein König, Er wuchs und entwickelte sich und legte beinah alle Ängste ab und wurde wirklich souverän. Ein Bild von einem Kater. Er begann, die angefütterten Singvögel zu ernten. Das war in der Gartengemeinschaft gar nicht gern gesehen. Der Maunzer musste weg. Der wilde König musste ins Exil, in die Wohnung. Dort hat er begonnen zu sprechen. Wollte er auf den Balkon, wo er den Amseln nachschauen konnte (…), so schaute er G. lange und eindringlich an und sie sagte: „Willst Du was? Willst Du hinaus? Wenn Du was willst, musst Du was sagen!" Da begann er, unterschiedlichste Töne zu produzieren; bissl maunzig, bissl quietschig, manchmal ganz kehlig, dann wieder klares „miau". Und so hat er meistens bekommen, was er wollte. Und mehr. Weil, das Zwutschkerl wollte er nicht. Das Zwutschkerl war eine Urlaubsbekanntschaft von Papa und G. in Griechenland. Dreifärbig mit weißem Goscherl, das ganz grau und ungeputzt war. Verhungert und gierig und unwiderstehlich. So musste das Zwutschkerl mit; in der Bereitschaftstasche der Videokamera. Zur Sicherheit mit einer Beruhigungstablette gefüttert. Die kam postwendend und unversehrt wieder retour. Also ohne Beruhigung – für alle Beteiligten.

Katze aus Griechenland mitbringen – wie kann man nur. Ganz leicht. Im Flieger ganz geheim. Niemand hat was bemerkt. Die Flugbegleiterin unter der Hand: „Und, wenn S' a Milch brauchen, sagen S''s mir!" In Wien bei der Ankunft wusste der halbe Flieger Bescheid, der Papa mit dem

Gepäck am Zoll vorbei, G., mit der Hand auf der umgehängten Videotasche mitten im Pulk der sie geschlossen umgebenden übrigen Fluggäste. Das Zwutschkerl ruhig, wie betäubt.. Unbehelligt sind sie raus- und angekommen. Das Zwutschkerl wurde dem Maunzer vorgestellt. Sie war unterwürfig, er war gnädig. Wirklich geliebt haben sie sich nie, glaube ich. Er hat sie erzogen und teilweise sogar die Verantwortung für ihre Streiche übernommen; lange Zeit haben wir sie für dumm gehalten. Und ihre Schönheit nicht erkannt. Na, ja. Der Maunzer war der König. Nach Schneckis Tod sind sie bei meiner Schwester eingezogen. Der vierte Ortswechsel für seine Majestät! Der Maunzer was sauer. Knurrend ist er tagelang unter den Bänken gehockt und hat geschmollt. Kommunikationsunwillig. Das Zwuli hat das besser gemeistert. Sie ist über sich hinaus gewachsen, hat emotionale und soziale Intelligenz bewiesen. Oder entwickelt. Sie dürfte auch ihn wieder versöhnt haben, denn bis zu ihrem Tod (den Maunzer hat die Schwester selber erlöst!) waren sie bestimmt sehr glücklich und bestens versorgt. Zurzeit gibt's wieder zwei. Geschwister. Ein Kater, eine Katze. Das äußerlich Besondere, scheint mir jedes Mal, ist, dass die zwei unter den, relativ langen, dunklen Deckhaaren, helle Unterhaare haben. Die schauen immer durch, wenn sich die Deckhaare sträuben oder zur Seite legen: an Knien und Ellbogen, oder an der Schwanzwurzel...
Ich hab vor ein paar Jahren mit einem „Frodo" geliebäugelt. Einem unglücklichen Mischling bei Animal Hope. Ich bin noch nicht so weit. Vielleicht bin ich kein Hundemensch;
anderen wird die Entscheidung abgenommen. Wieder einmal der Schwester.
Das Puggi hat als Baby in einem Regenrohr des Nachbargartens gewohnt und sich notgedrungen zur Beinah-Allesfresserin entwickelt.
Sie ist bei der Schwester eingezogen und hat die geschwisterliche Katzenidylle aufgemischt. Jetzt sind es drei. Kurz waren es ja fünf ... weil, der „Nachbar", der Frechdachs, war schneller als der Tierarzt! Teenager werden Mütter! Egal, zwei von den drei Katzenbabies haben überlebt. Eine Meisterleistung aller Beteiligten, der tierischen, wie der

menschlichen, weil – die zwei „Kleinen" Muggi und Ruggi wohnen, nach einem kurzen Intermezzo wo anders, jetzt bei mir!

Wie konnte ich so lange ohne?! Mein Leben war armselig davor. Ich bin kein Hundemensch – ich bin ein Katzenmensch. Muggi und Ruggi sind aber auch Menschenkatzen. Wir lernen Fremdsprachen. Zur weiteren Erziehung hab ich gepfaucht und geschnurrt, die beiden lernen meine Sprache, annähernd - „bitte" und „danke" geht nicht. Aber, muss eine Katze „bitte" und „danke" sagen? Der akzeptierte Mensch hat dankbar zu sein! Klischee. Mit Katzen kann man gut, wenn man akzeptiert, dass es keine Kompromisse und kein „Vielleicht" gibt. Katzen sind absolut. Sie nehmen absolut und sie geben absolut. Ist das nicht wohltuend?!

Zwei Urlaube und ein Gipsunfall

Kein Beinbruch!

Es war Sommer. Auf der Heimfahrt vom Kroatien-Urlaub hatten wir die Schwester am Steirischen Bauernhof abgeliefert, wo sie zwei weitere Wochen mit einer befreundeten Familie verbringen sollte. Sehr angenehm.

Wir sind damals regelmäßig nach Kroatien ans Meer gefahren, im Sommer, zwei Mal haben wir Freundinnen mitgenommen. Eh' sehr lustig. Gewohnt haben wir in privaten Zimmern, die die Schwägerin unserer Tante vermietete, es war quasi ein Familien-Domizil. Das Haus lag nicht am Meer, sondern ein Stück weg, im Ortsgebiet von Crkvenica, an einer kleinen Straße.

Crkvenica – oder auch „Krkwentschitze", wie ein anderes Familienmitglied – auch eine Tante, die keine war, den scheinbar schwierigen Ortsnamen auszusprechen pflegte (Ist nicht wahr, sie hat nur „Zrickwenietsche" gesagt) - gegenüber wuchsen Feigen, wir haben von dem Busch sogar einen Ableger mitgenommen, der ist dann im Prater angewachsen und hat jahrelang brav versucht, Feigen fertig zu machen. Ob es am Klimawandel liegt, dass ich jetzt Feigenbüsche kenne, die auch in unseren Breiten durchaus Reife Früchte produzieren, mag ich gar nicht überlegen...

Dort, gegenüber, im Schatten des Feigenbuschs hat in seltsamen Baracken eine „Skipetaren"-Familie gelebt. Also, ursprünglich aus Albanien stammende Menschen, uns wurden sie als „die Skipetaren" vorgestellt. Da gab es eine Tochter, ungefähr im Alter meiner Schwester. Ich habe geglaubt, ich könnte schwören, ihr Name war Soraya, aber jetzt bin ich gar nicht mehr sicher.

Jedenfalls sind wir eines Tages eingeladen worden, meine Schwester und ich.

Ich muss dazu sagen, dass die Schwester ein um einiges dunklerer Haut-und-Haar-Typ ist als ich es bin, ich war dort wirklich fremd, in dem bunt dekorierten, Teppich-verhangenen, messingbestückten „Wohnraum". Sehr interessant – bunt und traditionell. Die Schwester war weniger fremd. Sie wurde in ein traditionelles Gewand der Soraya gesteckt, mit Pluderhoden und boleroähnlichem Jackerl und Schmuck und diesen spitzen, aufgebogenen, geflochtenen und gestickten Pantoffeln. Und so sind wir aus dem Haus gekommen: ich, das blasse, blonde Kind und zwei Albanische Schwestern. Irgendwo muss es noch ein Foto von den beiden geben... Ja, die Schwester hat in Kroatien immer eine tiefbraune Farbe bekommen, die hat sie damals, wie gesagt, in der Steiermark weiter kultiviert.

Das muss Mitte der Neunzehnsiebziger Jahre gewesen sein, ich denk', das kommt hin, 1975 oder -76. Urlaub am Meer. Neue Kinofilme. Ein Freiluftkino, nicht einfach im Ort, so wie das in Bol, wo wir die unsynchronisierten Originaltexte am besten hören konnten, wenn wir im Feriendomizil am Klo saßen, ein richtiges Freiluftkino, mit Klappsesseln am Strand, das Meer direkt daneben. Und was schaut man sich da an, Neues? Den „Weißen Hai". Super. Das Meeresrauschen auf der Leinwand mischte sich mit der Live-Performance der Natur und am nächsten Tag gehörte der Strand uns und ein paar weiteren Verrückten. Das war „Krkwentschitze".

Bol, 1980, war anders. Vor allem der Anfang. Das Hinkommen. In der Familie hatte man vom „Goldenen Horn", dieser legendär schönen Sandstrandformation der Süd-Kroatischen Insel Brac gehört und beschlossen, dort hin zu fahren.

Brac liegt auf der Höhe Split's, also ein schönes Stück weiter südlich als Rijeka und „Krkwentschitze", nein, es war ja nur „Zrickwenietsche", die Fahrt dauert dementsprechend länger und es gab nicht einmal den Ansatz einer Überlegung, nicht mit dem eigenen Auto da hinunter zu fahren.

Nicht die Küstenstraße entlang, die kannten wir ja schon, die ist auch nicht ohne, wenn man müde wird und den Kindern schlecht, und so hat man sich entschlossen – auch, weil's sicher viel interessanter ist -, den Weg durch's Hinterland zu nehmen; also, zuerst einmal zu suchen und zu nehmen, wenn er gefunden wär.

Wir haben recht lang gesucht. Das jugoslawische Hinterland (wo auch Banja Luca liegt, eigentlich ja schon Bosnien) hat sich uns von seiner Karl May'sten Seite gezeigt: heiß, trocken und gefühlt feindlich. Und ein Kinderpopo nach dem anderen „nach dem nächsten liegt bestimmt das Meer", „aber, nach dem nächsten aber ganz sicher". Bis wir in Split ankamen war es 22 Uhr, die 22 Uhr-Fähre zur Insel Brac hatte gerade abgelegt und die letzte des Tages ging eine Stunde später und wir hatten noch kein Quartier auf Brac. Cool. Wir hatten einen Namen, den ich nienienie vergessen werd': Fani Svitanic, so hieß unsere Kontaktperson für ein Ferienquartier, arbeitete im Hotel Elaphusa. Ja, aber nicht um Mitternacht, da kamen wir nämlich endlich in Bol an, nachdem wir uns von Supetar, wo die Fähre anlegte ohne wirklich brauchbares Kartenmaterial (Navi? M-mm!) über den Inselrücken, mehr dem Bauch nach, auf die andere Seite nach Bol durchgeschlagen hatten - alle schon müde, alle bissl sauer, alle mit der bangen Gewissheit, dass wir nicht wussten, wo wir die müden Köpfe würden hinbetten können. Wir haben dann im „Ortszentrum" an einer geschlossenen Tankstelle verschnauft und krampfhaft überlegt – das klingt jetzt konstruktiver, als es in Wirklichkeit wohl war – was zu tun wär'; das Hotel Elaphusa war möglicherweise „in Betrieb", Fani Svitanic aber bestimmt nicht mehr im Dienst, ich weiß nicht mehr, ob wir irgendwen angerufen haben (von einem Münztelefon – Handy? M-mm!), die Lage war ziemlich aussichtslos. Und schlecht aufgelegt. Es ist uns nicht anderes übrig geblieben, wir haben den Parkplatz, an dem wir schon vorbei gekommen waren, wieder aufgesucht und beschlossen, so gut es ginge, im Auto zu schlafen, um am nächsten Morgen Fani Svitanic aufzusuchen und das versprochene Quartier zu beziehen. Was soll ich sagen. Wie am Kalten Eck hab' ich den Platz auf dem Beifahrersitz bekommen, der arme Vater musste sich wieder hinters Lenkrad klemmen. Die Kühltasche haben wir aus Platzgründen unters Auto hinaus gestellt. Das dunkelblaue Jerseykleid, das die Mutter zu dieser Fahrt das erste Mal anhatte, hat sie danach nie wieder getragen. Am Morgen hat die Sonne gescheint, die Welt war so bös' nicht mehr, dachten wir, bis wir die Kühltasche für ein kleines Frühstückchen aufgemacht haben – war nicht, die Ameisen waren schneller gewesen. Super. Wir sind dann bei Traubenzucker und Fredi-Keks geblieben und haben uns zum Hotel Elaphusa begeben. Ich erinner' die Situation ziemlich eigenartig. Im Internet recherchiert hab' ich festgestellt, das Elaphusa gibt's noch immer, „Grand Hotel Elaphusa" heißt es und ich habe die Zufahrt wieder erkannt, in der wir uns kurz reingeparkt hatten und wir Kinder m Auto warteten, während die Eltern Frau Svitanic treffen wollten. Es muss da zirka sieben Uhr früh gewesen sein. Sie haben uns dann reingerufen. In die Marmorhalle. An der messingblitzenden Rezeption vorbei in die Lobby. Frisch geduschte, und ameisenfrei gefrühstückte Hotelgäste sind an uns vorbei durch die Halle in Richtung Strand und Tennisplätze geschlendert und wir haben die Bröseln von den Fredi-Keksen aus unseren zernudelten T-Shirts gewedelt. War bissl komisch. Wurscht. Frau Svitanic wurde gefunden, sie hat bissl telefoniert und uns schließlich ins Ortszentrum geschickt, Kennzeichen: stillgelegte Tankstelle, dort gäbe es das versprochene (oder doch ein spontanes?) Häuschen, das an Feriengäste vermietet würde – die Eigentümerin müsste nur noch ausziehen und kurzfristig zu ihrer Tochter nach Split übersiedeln. Wir haben das dann so gemacht. Das Häuschen lag gegenüber der Tankstelle, wo wir um Mitternacht verschnauft hatten, wahrscheinlich hatten unsere Scheinwerfer in das ebenerdig gelegene Schlafzimmer geleuchtet. Nachbar war das erwähnte Freiluftkino. Bis zur Heimfahrt hat's da keine weiteren Zwischenfälle gegeben, zumindest erinner' ich keine. Die Heimfahrt selber hat uns wieder durch's Hinterland geführt (jetzt kennen wir uns ja schon aus) und wir haben uns wieder verfahren. Einem nicht mehr unterdrückbaren natürlichen Bedürfnis nachgebend, mussten wir in Banja Luca zwischenstoppen und sind im einzigen Lokal im Ort, das wir rasch genug finden konnten, in eine finster dreinschauende Männergesellschaft gestolpert, die – bedient von der einzigen Frau - ein Formel eins-Autorennen auf dem wahrscheinlich einzigen Fernsehgerät von ganz Banja Luca verfolgte. Ist der Niki Lauda damals schon wieder gefahren? Weiß nicht, ein Österreicher muss dabei gewesen sein, weil ich mich an das warmheimelige Gefühl nahender Zivilisation erinnere. Die Bardame hat uns den Schlüssel zu ihrem privaten WC überlassen… Das war Bol, 1980. „Krkwentschitze" war früher. Nachdem wir auf dieser Heimfahrt die Schwester zum Nachbräunen abgeliefert hatten, sind die Eltern und ich weiter nach Wien, heim, gefahren.

Am Tag nach der Rückkunft sollte die Verbauung unserer Loggia weiter vorbereitet werden. Ich weiß jetzt nicht mehr, ob die Schiebefenster schon eingebaut waren, jedenfalls sollte aus dem Balkon ein nutzbarer Innenraum gemacht werden, was erforderte, dass der Außenputz, der raue, geglättet und tapezierbar gemacht werden musste. Ich habe damals Spachteln gelernt und es hat mir viel Spaß gemacht. Das war aber vor dem Urlaub. Nach dem Urlaub musste, weil wir ja doch keine Maurer sind, die Oberfläche restlos geglättet werden. Das ist ein Tschoch! Der Vater war nicht entzückt, sich aber bewusst, dass er's würde machen müssen.

Und es mussten Lebensmittel eingekauft werden, nach dem Urlaub war nichts Frisches im Haus. Gut, denkt man, dann schleift halt einer die Wände und andere gehen einkaufen. Schon, aber die Balkontüre war eine Balkontüre und nur von innen zu öffnen.

Und Schleifen staubt. Daher: Türe zu.

Aber, den Vater auszusperren war ihm wieder nicht recht.

Also, schoben wir eine gefüllte Flaschenkiste vor die angelehnte Balkontüre und dachten nichts Böses.

Beim Heimkommen dachte ich zuerst, die gleißende Sommersonne hätte mich geblendet und ich könnte deshalb in der Wohnung nur blasse Farben sehen. Schön wär's gewesen.

Als wir die Wohnungstüre aufsperrten, hörten wir die Schleifmaschine, sahen den Vater grau-weiß überzogen und konzentriert draußen arbeiten – und – die Balkontüre war offen.

Ein Luftzug oder Windstoß muss sie aufgedrückt und die Flaschenkiste verschoben haben.

Und der Papa hat's nicht gemerkt!

Und hat weiter geschliffen! ...

.... Der schwere Gipsstaub hat sich in die ganze Wohnung gezogen und von oben bis unten, in den Teppichen, auf und hinter jedem Buch, auf jedem Pflanzenblatt und in jedem Polster fest nieder gelassen!

Wir sind mit offenem Mund dagestanden und wollten aufwachen. Waren aber durchaus wach.

Es hat dann ein mittleres Donnerwetter gegeben. Die Mutter hat Vorwürfe gemacht und sich verteidigt, der Vater hat sich verteidigt und Vorwürfe gemacht. Er ist dann gegangen.

Die Mutter und ich haben geputzt. Nicht gesaugt. Gipsstaub lässt sich mit einem Haushaltsstaubsauger nicht saugen!

Zwei Tage haben wir gehackelt wie die Blöden.

Dass man(n) uns da völlig allein hat werkeln lassen, hat mir erst viel später gedämmert und wirklich überlegen mag ich mir das noch immer nicht...

Die Wohnung war danach aber wirklich sauber.

Die ganze Urlaubserholung war verbraucht.

Am Sonntagabend sind wir ins Kino gegangen, die Mutter und ich: Walt Disney's Aschenputtel – weil die auch so viel im Haushalt putzen muss...

Agnes von Pfannberg

Kleine Notiz in einer Tageszeitung im Juni 1983, ungefähr so: „... die Grazer Mathematikerin Walpurga Zöchling, sie hätte auf der Burgruine Pfannberg bei Frohnleiten ein Gespenst gesehen..."
Die Mama hat's ausgeschnitten, wir haben immer schon auf solche Abenteuer angesprochen. Und das „Übersinnliche" gehörte ein Stück weit auch schon immer zum Alltag. Die Großmutter nahm regelmäßig an Séancen teil und praktizierte Pendeln und Muten.
Ich werd' nie vergessen, wie wir von unserer erfolglosen Suche nach dem gestohlenen rosa Puch 500 (dem von der Schwarzwaldreise!) heimkamen und die Benachrichtigung der Polizei Aspern an unserer Wohnungstüre kleben fanden: „Ihr Wagen wurde gefunden. Melden sie sich im Wachzimmer sowieso dortunddort..." Wir sind da gleich hingefahren und zwei Beamte haben uns zu unserer gestohlenen Rennsemmel geführt: in einem Gebüsch, beim Mühlwasser bei einer Brücke hatte man das herzige Gefährt versteckt. So ein Glück, alles in Ordnung, nix kaputt, alles dran. Wir sind einfach heimgefahren damit. Der Papa – wissend um Großmutters Aktivitäten und ewig zweifelnd, no na - hat sie sofort angerufen um nachzufragen, was Ihre „Suche" ergeben hätte: „In einem Gebüsch, beim Mühlwasser, bei einer Brücke" sollte das Auto zu finden sein, meinte die Oma. „Nein", der Papa, „dort steht's net - dort is's g'standen!" Wir waren aber schon baff.
Vor diesem Hintergrund ist klar, dass uns die Agnes von Pfannberg interessiert hat. Noch dazu, wo Frohnleiten durchaus im Aktionsradius um „unseren" Urlaubsbauernhof liegt.

Also, wurde zuerst recherchiert:
„Agnes von Pfannberg

Ungefähr eine Stunde südlich von Frohnleiten stand auf einem Berg einst die stolze Feste Pfannberg. Ein mächtiger Turm und eine verfallene Kapelle ist alles, was heute noch daran erinnert.

Die einstigen Burgherren Bernhard und Heinrich Pfannberg waren zu jener Zeit im Heer des Böhmenkönigs Ottokar II, der damals auch Herzog der Steiermark war. Zu Unrecht des Verrats und der Untreue beschuldigt, wurden sie im Mai 1269 festgenommen und eine Söldnerschar des Königs forderte die Besatzung der Burg – angeführt von Agnes, der Ehefrau Bernhards von Pfannberg – zur Übergabe auf.

Agnes war aber fest zur Gegenwehr entschlossen. So konnten die ersten schweren Angriffe erfolgreich abgewehrt und die Burg verteidigt werden. Daraufhin änderten die Gegner den Plan und beschlossen, die Burg zu belagern und ihre Besatzung auszuhungern. Durch einen unglücklichen Zufall entdeckten sie wenig später am steilen Hang unterhalb der Burg den Eingang zu einem Geheimgang, der direkt in die Festung führte. So konnten sie sich in der Nacht Zutritt zur Burg verschaffen und sie erstürmen.

Agnes von Pfannberg war aber noch immer nicht zum Aufgeben bereit. Mit Schild und Schwert bewaffnet konnte sie die noch verbliebenen Anhänger überzeugen, dass es besser wäre, bei einem Fluchtversuch getötet zu werden, als den Rest seines Daseins in Gefangenschaft zu fristen. Es gelang ihnen auch beinahe, sich den Weg in die Freiheit zu erkämpfen, als die Burgherrin schwer verwundet wurde. Trotz der Verletzung kämpfte sie weiter und tötete noch weitere Feinde bevor sie starb.

Die Feste war also von den böhmischen Soldaten bezwungen worden, und sie feierten ein Fest, bevor sie die Burg plünderten und in Brand steckten. Es gelang ihnen jedoch nicht, Agnes von Pfannberg wie befohlen tot oder lebendig an den Stadthalter König Ottokars auszuliefern, denn die einzigen zwei getreuen Anhänger, denen die Flucht gelungen war, schlichen zurück und brachten den Leichnam ihrer Herrin fort.

Noch heute kann man alljährlich in einer Vollmondnacht im Juni den die geisterhafte Gestalt Agnes von Pfannbergs beobachten, die in den Burggemäuern

wandelt und nach Feinden und fremden Bedrängern Ausschau hält. " (Anm. ip: ...
ob der Heimatboden frei von Feinden ist..."

Sagen aus Österreich, Ueberreuter)
*Quelle:http://193.171.252.18/www.kidsweb.at/sagenweb/Sagen_*
Steiermark/pfannberg/pfannberg_kurz.htm

Ganz ehrlich: mehr haben wir nicht gebraucht. Ganz schnell haben wir beschlossen, mit ein bisschen Vorbereitung, der Agnes einen Besuch abzustatten.

Mit weißen Lilien und Rotwein aus der Gegend in einem irdnen Krug mit irdnen Bechern, so wollten wir vorsprechen.

Wir haben dann zu dritt oder zu viert, weiß ich nicht mehr, eine Freundin der Mama war jedenfalls dabei, ein paar Tage am Bauernhof verbracht und uns eines regnerischen Junitages auf die Suche nach der Ruine Pfannberg gemacht.

Im Suchen von solchen Sachen waren wir schon immer gut, besonders die Mama hat, was sie sich in den Kopf gesetzt hat, meistens auch erreicht. Ein bissl Plan-Gucken (Internet war noch nicht!), Burg finden – mitten im Botanischen Garten von Frohnleiten (ja, den gibt's!) sitzt auf einem Berggupf die Ruine.

Also, es war ja strafverschärft. Aus dem regennassen Grünzeug im Juni (!) sind die Nebelschwaden aufgestiegen, tiefhängende Wolken haben den Burgfried umwabert, und wir sind, als tätert uns nur das Gemüse interessieren, über die Hänge des Gartens gestiefelt, immer mit einem Aug' auf der Ruine, einen Zugang, Aufstieg, sonst eine Möglichkeit zum Näherkommen suchend.

Von dort war das nicht möglich.

Wir sind dann wieder zum Auto und haben's von der Straße versucht. Immer die Ruine im Auge sind wir sicher irgendwie um den Berg herumgefahren. Der Regen hat nachgelassen und schließlich hat ein Feldweg die lenkende Mama so angezogen, dass sie schnell entschlossen verkündete: „Dort stell' ma das Auto hin!"

Wir sind dann von dort, wild, den Berg hinauf, haben aber prompt eine Forststraße gefunden, auf der wir dann wirklich bis zum Fuß des Burg-Gupf's gekommen sind.

Von dort dann über Wurzeln und Steine hinauf. Feuersalamander – sehr verdächtig!

Und dann – die Ruine. Faszinierend, verfallen und doch in Bereichen erhalten. Wohngebäude mit Spitzbögen und Resten von Deckenbalken. Ein Steinkreis im „Hof", offenbar der Brunnen; der Burgfried und an seinem Fuß ein Loch, eine Höhle – endlos schwarz. Das Burgverlies?

Entrisch. Wirklich unheimlich. Wir haben fotografiert, sind herumgestiefelt (ich ungern mit dem Rücken zum „Burgverlies"...), haben uns hin und wieder durch unser traditionelles „Bü-hüü" der gegenseitigen Anwesenheit versichert und uns schließlich – bissl durchnässt und ausgekühlt – zum Abstieg entschlossen. Ziemlich wortkarg sind wir den Berg hinunter zum Auto. Erst im Kaffeehaus von Frohnleiten, am Hauptplatz, beim Aufwärmen sind wir wieder aufgetaut: „Nie" „Keine zwanzig Pferde bringen uns in einer Sommer-Vollmondnacht mit Lilien und Rotwein da hinauf!" Wir haben's auch wirklich bis heute nicht gemacht... es wär ja auch der Aufstieg viel zu gefährlich gewesen.

Und jetzt, wer kommt nach?

Im Frühjahr wurde er geräumt.

Es war April, ich weiß es noch genau, es war der Morgen der jährlichen Hauptkehrung durch den verantwortlichen Rauchfangkehrer.

Kommando zurück, flash-back:

Mit Nachdruck ist mir prophezeit worden, ich hätte keine Chance, es würde alles bleiben, wie es ist.

Das ist zwei Jahre her.

In Kostelez am Schwarzen Wald, in sicherer Distanz, im Schatten meines „Velky Pivo", hab' ich erzählt, was Wochen davor geschehen war und von „berufener" und quasi kompetenter Stelle meine „Entmutigung" kassiert – bedingt erfolgreich.

Die Schimpftiraden, unflätigster Ausfälligkeit - ich wusste lange nicht, wie ich zu dieser Ehre kam.

Wie oft musste ich vor Polizei, Hausverwaltung, weißem Ring usw., wieder und wieder aufzählen, was alles geschehen war, rechtfertigen, wieso ich mich belästigt und bedroht, und auch be-schädigt fühlte; dass mit Sicherheit kein verschmähter Liebhaber meine Türmatten und Kennzeichentafeln entfernt, auch nicht meine Windschutzscheibe eingeschlagen und meine Antenne verbogen hatte.

Ich war Stammgast im nahe gelegenen Polizeiwachzimmer, die Beamten immer hilfreich und geduldig.

In wechselnden Intensitäten und Häufigkeiten stand der Nachbar vor meiner Wohnung und läutete mich an die Tür – niemals heraus, bin ja nicht blöd - was ich mir einbildete, wieso ich ihn beschuldigen würde. So hat es angefangen, lang bevor ich überhaupt auf die Idee kam, dass er irgendwas mit den mysteriösen Vorkommnissen um meine Wohnungstür und mein Auto zu tun haben könnte.

Ich erinnere mich auch an die durchaus vorkommenden Pausen, oft hörte ich über Monate kaum etwas, aber diese Pausen wurden immer kürzer und seltener.

Sein lautes Schreien und Schimpfen hörte ich über unsere Geschossdecke. Ich gebe zu, ich bin schon auch mit einem Glas an meiner Wohnzimmerwand gelehnt und habe versucht zu hören, über wen er schimpft. Mit der Zeit hab' ich jedes Geräusch im Haus ihm zugeschrieben, jeden Streit und jedes laute Wort ja sowieso.

An einem Nachmittag hat meine Türglocke das Haus zusammengerufen - ein durchaus durchdringendes Geräusch. Ich war nicht daheim und andere Nachbarn waren offensichtlich „nicht in der Lage", die klemmende Taste wieder zu lösen. Noch damals am selben Abend stand der Nachbar wieder vor meiner Tür, den Finger an der Taste, auch an folgenden Tagen, oft kurz vor Mitternacht, wieder laut schimpfend, lästig und bedrohlich. Ich hab' auch da die Polizei geholt, denn durch den

Türspion gesehen war klar, wer da vor meiner Türe stand. Ich hab' die Glocke abgeklemmt, ich hab' erst seit kurzer Zeit eine neue.

Endgültig Schluss mit Lustig war, als ich an meiner Wohnungstüre Schuhabdrücke fand. Zuerst hab' ich die Spuren noch weggewischt; als sich's wiederholte hab' ich's fotografiert (damals ist CSI auch schon gelaufen), hab' mir gewünscht, ich würde drum gefragt, die Fotos würden mit den Schuhen in des Nachbarn Vorzimmer verglichen und er überführt werden. Die Polizei konnte nicht wirklich etwas tun.

Eines Nachmittags kurz danach war ich daheim, als er gegen die Türe trat. Da bleibt einem schon kurz das Herzerl stehen. Die Polizei kommt, man stellt ihn zur Rede, er streitet natürlich alles ab.

Zwei Tage später hat er's wieder getan und diesmal meine Türe wirklich gebrochen. Von oben bis unten, an der Innenseite ein vertikaler Riss. Sehr angenehm.

Die Polizei war damals innerhalb von Minuten im Haus, er hat sich gewehrt, er war für eine Nacht im Krankenhaus – und dann wieder da.

Für drei Wochen konnte ich kaum mehr Staubsaugen und hab' den Haarfön nicht ertragen – weil ich dann nicht hören konnte, ob jemand an meiner Türe war.

Das Heimkommen war jedes Mal eine Zitterpartie, weil ich nie wusste, was ich wohl vorfinden würde, ob meine Wohnung offen stand oder wie oder was.

Dann kam die Sicherheitstür. Jetzt kann man mich. Die ist auch schalldämmend – und ohne Türglocke hatten Klopfende ein rechtes Glück, wenn ich überhaupt was gehört hab', es war mir herzlich wurscht.

Ich habe damals einiges in Gang gesetzt. Mit der Hausverwaltung, dem Weißen Ring, Anwälten und Sachwaltern Möglichkeiten und Chancen ventiliert.

Im Wissen um die Neue Tür bin ich damals leichten Herzens nach Kosteletz gefahren, im Schatten meines „*Velky Pivo*", hab' ich dort erzählt, was Wochen davor geschehen war und – wie gesagt - von „berufener" und quasi kompetenter Stelle meine „Entmutigung" kassiert – bedingt erfolgreich.

Wie schon erwähnt, ist mir mit Nachdruck prophezeit worden, ich hätte keine Chance, es würde alles bleiben, wie es ist.

Ich habe mehr als einmal bei der Polizei gefragt, was denn passieren müsste, damit endlich was passieren würde, na ja, was Tätliches würde schon helfen, sagte man mir, oder eine gefährliche Drohung, so was wie „ich bring' dich um". Gut, denk' ich mir, darauf werd' ich's nicht ankommen lassen. Den von der Polizei empfohlenen Pfefferspray hab' ich mir besorgt, ein bissl besser fühlt sich das schon an, obwohl, ich weiß nicht, ob ich im Fall des Falles schnell genug wär'...

Er hat eine Mitarbeiterin unserer Haus-Pflege-Firma im Stiegenhaus zu Boden gestoßen und durchaus heftig verletzt, er ist anderen Mietern nachgeschlichen und hat auch andere geschimpft und Kinder erschreckt, aber auf mich dürfte er sich eingeschossen haben, vielleicht lag es an meinem Namen, ein Polizeibeamter trägt den gleichen;

Jemand der es wissen kann, hat im Vertrauen zu mir gesagt „Die Polizei schützt den Täter, das Opfer muss sich selber schützen"

Ich hab' im Zuge der ganzen Sache auch gehört, besachwaltet zu sein ist eher ein Schutz für den/die Besachwaltete/n als für deren Umgebung.

Egal.

Ich war aus Kosteletz zurück, da hör' ich eines Abends ganz genau, die gut vertraute Stimme. Er lehnt sich offenbar grad aus einem seiner Fenster in den Innenhof und vertraut sich dem Abend an: „Ich bring' die um, die Sau, wenn ich die auf der Straße treff', ist die Pollak eine Leiche"

„Super", denk' ich, notier' mir Datum, Zeit und Textzitat und war am nächsten Morgen bei den alten Freunden von der Polizei.

Am selben Nachmittag ruft mich die and're Nachbarin an und schildert „Du, stell' Dir vor, die Wega hat den Nachbarn abgeholt, in voller Montur haben die seine Türe eingetreten, ausgebaut und ihn mitgenommen. Sie haben ein langes Messer und eine Axt in seinem Vorzimmer gefunden. Er hat jetzt eine Stahltür drin", ein Baustellenprovisorium halt.

Ganz ein komisches Gefühl ist so was.

Drei Monate lang war er in Untersuchungshaft.

Es gab Einvernahmen, zur Verhandlung hat mich eine Mitarbeiterin des „Weißen Ring" begleitet;
weil er sich nicht freiwillig in stationäre Behandlung begeben wollte – und nur so wär's möglich gewesen - ging er – verurteilt, aber auf Bewährung – wieder heim.
Na, ich war glücklich!
Aber – er war ruhig.
Es ist mir gegenüber jedenfalls nichts mehr vorgefallen.
Ich hab' ihn schon gehört, er hat geschimpft, er hat getobt, bei sich, in seiner Wohnung, nach den Geräuschen zu schließen hat er auch Sachen rumgeschmissen, aber, er hat mich in Ruhe gelassen. Die U-Haft muss ihn ziemlich beeindruckt haben.
Schon vor der Haft-Zeit hat ihn die Hausverwaltung offenbar gekündigt, er hat sich geweigert auszuziehen, hat immer wieder seine Miete gezahlt, er war nicht leicht hinaus zu kriegen.
Es ist dann von der Hausverwaltung auf die Kündigung geklagt und diese Klage ist bestätigt worden.
Ich hab's dann eigentlich vergessen, hab' nur gehofft, es würde einfach ruhig bleiben.
Und dann war auf einmal April, der Tag der Hauptkehrung.
Der Rauchfangkehrer, der bei mir ins Putztürl schielte, sagte nur lakonisch „Und jetzt muss ich noch da nach unten, wo gerade geräumt wird"
„Wo wird geräumt", frag' ich ehrlich verwundert.
„Na, direkt unter ihnen", krieg' ich zur Antwort.
Ich war sprachlos.
Bin dann hinunter. Treff' dort im Stiegenhaus die Sach-bearbeiterin der Hausverwaltung und die Gerichtsvollzieherin, beide etwas blass um die Nase, beim Stiegenhausfenster hinausrauchend.
Meine Betroffenheit und mein Erstaunen waren nicht gespielt.
Die provisorische Stahltüre stand offen, Männer in Overalls, mit Latex-Handschuhen und Mundschutzmasken haben müllsäcke-weise die Wohnung ausgeräumt, aus der in pulsierenden Schwaden ein Geruch waberte, der mir sehr bekannt in die Nase kroch: ein Geruch, der eine

eigene Temperatur hat, abgestandene Luft, Zigarettendöll, man möchte eigentlich gar nicht so genau wissen, was noch alles. Auch die räumenden Männer waren blass.

So was hätten sie alle noch nicht oft erlebt, war die einhellige Aussage. Ob ich noch eine Nase voll nehmen möchte, aus Nostalgie, sozusagen, wurde ich gefragt, und, ob ich ein erstes und letztes Mal einen Schritt in die Wohnung machen wollte, aus der so viel Angst und Schaden und Sorgen gekommen waren, ich sollte nur aufpassen, wo ich hinstieg', denn was da am Boden klebte, wären nicht nur Essensreste... so sagte mir die blasse Gerichtsvollzieherin.

Es war wirklich beeindruckend. So viel Dreck hab' ich in einer bewohnten Wohnung auch noch nie gesehen. Der Nachbar sei überraschend bereitwillig gegangen, sagte man mir auf die Frage, was denn nun mit ihm wäre. Er sei nur gegen sieben Uhr früh vorbeigekommen und hätte einige, wenige, persönliche Dinge mitgenommen. Er würde bei „einer Freundin" im 9. wohnen.

Gleich vom Eingang aus, an der Wohnungstür stehend, konnte ich ein Schwarzweißfoto erkennen; wie in so vielen Wohnungen viel zu hoch an der Wand hängend, zeigte es ein Kind, acht oder zehn Jahre alt, einen herzigen Buben. Die Ähnlichkeit war nicht zu übersehen.

Da hing ein Kinderfoto des Nachbarn.

Ich weiß, dass er Zeit seines Lebens im Haus gelebt, dass er nach dem Tod seiner Eltern die Wohnung übernommen hat.

Die Kündigung dieser Wohnung muss ihn völlig aus der Bahn geworfen haben.

Ich habe gehört, dass er mit zwei rotgelben Plastiktragtaschen auf einer Bank beim Riesenrad gesehen wurde, auch am Pratereingang beim Schweizerhaus. Angeblich soll er auch ein, zwei Mal im Haus gesehen worden sein.

Die Wohnung, drei Meter unter mir, ist inzwischen saniert.

Kurz vor Abschluss dieser Arbeiten Tagen habe ich einen Blick hinein geworfen, wieder stand die Stahltüre offen.

Damals wurden bereits Installationen erneuert, später die neuen Bodenbeläge verlegt, die Wände gemalt und erinnert an das Chaos, das hier geherrscht und gewohnt hat.

Es werden neue Mieter einziehen, die nichts wissen, die Ihre Möbel und Ihre Leben mitbringen und die hier um sich selber kreisen werden.

Ich weiß nicht, wo der Nachbar zurzeit lebt. Es ist November, einige Jahre sind seit der Räumung vergangen, es wird jetzt wieder langsam wirklich kalt.

Der Nachbar war ein Teil von mir und meinem Leben, so wie ich in meiner Provokation wohl auch ein Teil von ihm und seinem Leben war.

Man hat ihn entfernt und ich hab' zugesehen. Ich bin noch da. Ich hab' es warm. Mein Leben ist so weit unverändert, ich fühle mich darin stabil. Stabiler als in seiner Gegenwart. Bei ihm ist es wahrscheinlich umgekehrt.

Ich kann's nicht lassen, ich muss mir überlegen, wo er ist und was er macht, ob er überhaupt noch lebt. Ich würd's gern wissen.

Eine Zeitlang war es noch leer, drei Meter unter mir. Es ist noch immer, als fehlte etwas, als wurde mir ein Stückchen Basis weggenommen. Nicht, dass ich mir nicht eine angenehmere vorstellen könnte, aber die Umstände dieser Befreiung waren auch nicht besonders glücklich.

Ich weiß nicht, warum, meine Freude ist nicht ungetrübt.

Ich überleg' mir das alles jedes Mal, wenn ich im Treppenhaus an dieser Tür vorbei komme, Tag um Tag.

Oft kann ich's gar nicht fassen, dass mich diese Wohnungstüre nicht mehr bedroht, oft zieht sich der Ring gewohnheitsmäßig eng um meine Kehle, bis ich mich bewusst für die Entspannung entscheide... Es wird noch eine Weile dauern, bis der zweite Stock sein neues Leben führen kann.

Going abroad – mit und ohne Auto

Lange Spaziergänge im goldenen Licht untergehender Sonne, die letzten warmen Strahlen auf den Rücken der schwarz-weißgefleckten Kühe, die auf den grünen Wiesen Cambridges englische Milch produzieren; gerne wär' ich länger gegangen, ohne am späteren Abend den Zug nach London nehmen zu müssen. Viel zu selten hab' ich das gemacht: nach England fahren und meine Großtante besuchen, deren Namen ich trag'. Einmal habe ich den Londonaufenthalt samt Cambridge-Besuch mit einem Schottlandtrip verbunden, den ich mit einem guten, inzwischen guten, alten, Freund unternommen habe. Diesen guten Freund habe ich damals auch dieser Großtante vorgestellt, das heißt, wir beide haben sie besucht, sie und ihre Familie: Gabriel, den Cambridge-Professor für Englische Literatur, und Mark den Sohn, der nie wirklich gearbeitet, dafür aber eine Broschüre über die Busse des Öffentlichen Verkehrs in London herausgebracht hatte und minutiöse Aufzeichnungen über das Wetter, Zugvögel und andere fundamentale Alltags-erscheinungen machte. Mit zirka zehn Jahren, an einem Valentinstag Anfang der 1970er Jahre hatte ich meinen Briefverkehr mit der Tante begonnen – immer halb englisch und halb deutsch – und mit der Zeit hat sich die Tradition eingebürgert, dass auch Mark mir ein paar Zeilen ins Kuvert dazulegte. Sein Humor war englisch, abgeschmeckt mit einem bisschen Wiener Charme, wirklich nett!

Der Besuch mit dem Freund hatte wirklich beinah' etwas familiäres, *something familiar*, auch im Sinne des Vertrauten.

Die Tante und ihre Leute hatten damals das „Black House", ein altes Holzhaus direkt am Cam-Ufer, in einem Garten voll mit wilden Karotten – „Queen Mary's Lace". Das Holzhaus war uralt, ursprünglich ein Einkehr-Ort für Seeleute, die die Cam heraufkamen – vielleicht sogar auch Piraten – sehr romantisch. Der Fußboden in der Küche war so geneigt, dass man sich beim Tischabräumen mit dem leeren Geschirr gut an der Spüle fangen musste, und einmal ist der Schornstein ins Haus gestürzt...

Aber das Zimmer der Tante, im ersten Stock, werde ich nie vergessen: wie im ganzen Haus, lackierte Holzoberflächen, die Böden, manche Wände, überall Farben, viele in Grüntönen, die Tante wob und färbte viele Ihrer *fabrics* selbst, so wie sie auch einiges des Hauhaltsgeschirrs selbst getöpfert hatte. Der Blick aus dem Zimmer ging über die Cam, in die Wiesen mit den erwähnten Kühen, Sprossenschiebefenster, Fleckerlteppiche, Unmengen Bücher, im ganzen Haus, immer zwei, drei Katzen, oft rote Kater – zum Dortbleiben!

Wir mussten damals nicht zurück nach London, wir hatten direkt in Cambridge ein Bed'n'Breakfast-Zimmer genommen, nicht weit vom Bahnhof, wollten in den nächsten Tagen mit der Bahn nach Schottland fahren. Auf einem der Fußmärsche durch Cambridge haben wir ein zum Verkauf stehendes Häuschen entdeckt. Ich gesteh', ich hab' damals wirklich ernsthaft erwogen, nach England zu gehen. So stimmungsvoll war dieses Häuschen, hinter einem Vorgarten, der mit weißem Kies bestreut war; ein Gingkobaum, Rosen, zur Straße abgetrennt durch ein niedriges Mäuerl; an der Vorderseite der typische, zentrale Hauseingang, flankiert von den zwei typischen dreiseitigen Erkerfenstern; ich weiß noch genau, der Blick durch den linken flog durch's Esszimmer, bis ins Wohnzimmer und hinten raus in den Garten. Der rechte war kürzer, ein Zimmer, eben. Der Garten war auch „zugänglich“, quasi; wieder kiesbestreute Wege, Rasen, Rosen, weiße Eisen-Gartenmöbel. Eigentlich war es so schön, dass ich jetzt überleg', ob's wirklich da war. Ich habe mich damals sofort verliebt. Die Maklertelefonnummer war sogar einer mir damals sehr geläufigen nicht unverwandt, es war wie ein verlockendes Omen. Ich glaub', ich hab' da sogar angerufen, um den Kaufpreis zu erfragen, der mir damals nicht einmal sehr hoch vorgekommen ist. Vielleicht hätte ich das irgendwie möglich machen sollen... wurscht. Wir sind jedenfalls am nächsten Morgen mit dem Zug über Peterborough nach Edinburgh gefahren. Dort wollten wir dann ein Auto mieten und weiter hinauf, in die Highlands, fahren.

Ich muss dazu sagen, bei uns, in der Familie gab es immer Autos. Wie schon an anderer Stelle erwähnt, war das Auto ein Arbeitsgerät des Vaters; in den Siebzigern, als aus Ölknappheitsgründen ein Autofreier Tag verordnet war, gehörten wir zu den wenigen, die ein „S“ für „Sonder“ auf unserer Windschutzscheibe picken hatten, weil für eine Familie, in der der Vater jeden Tage beruflich unterwegs sein musste, es unzumutbar war, dann nicht einmal ein Wochenende wegfahren zu können, weil dann nur Samstag oder Sonntag für den Verzicht überblieb; Deswegen durften wir immer fahren. Das erste Auto, das konkret für Mutter war, war der – ebenfalls bereits bekannte – rosa Puch 500, die tapfere Rennsemmel.

Der Vater lokalisiert Ereignisse in seiner Erinnerung am präzisesten über die Zuordnung des mit dem Ereignis assoziierten PKW. Sobald er weiß, in welchem Auto er gesessen ist, kann er sagen, wann etwas war. Ich weiß, beispielsweise, von einem nilgrünen Ford Anglia, mit der verkehrt geneigten Heckscheibe – so wie das fliegende Auto der Weasleys, das Harry und Ron im Zweiten Teil am Fuß der peitschenden Weide absetzt und ihnen dann im Wald, bei Aragog, der Riesenspinne Hagrid's, doch noch einmal zu Hilfe kommt.

Und dann weiß ich von einem Morris Minor, mit geteilter Frontscheibe. Ob ich mich wirklich erinnere, in diesem Auto an der Rollfähre über die Donau bei Greifenstein gesessen zu sein, oder ich mir aus Erzählungen ein Bild mache, kann ich nicht mehr sagen. An den zweifärbigen Ford Taunus kann ich mich aber bestimmt erinnern, und an den Tag, an dem wir ihn vom Verkäufer geholt haben. Wir, Kinder, haben damals ein Papiersackerl mit kleinen Spiel-Tierfiguren geschenkt bekommen, ich kann mich genau erinnern, wie sich der Löwe angefühlt hat... schon seltsam.

Dann kamen die roten Autos: Ford 12m, 15m XL, dann kam der erste Audi.

Ein Tibetorangener. Mit dem sind wir auch einmal in den Schwarzwald gefahren. Und von dort nach Paris, die Mama wollte das unbedingt. Durch's Elsass, über die Vogesen und über Besançon. In der Gegend waren wir auch schon anlässlich der ersten Schwarzwaldreise mit der Großmutter; damals machten wir Station in Colmar, um den Isenheimer Altar zu sehen. Eine Schande, ich kann mich nicht mehr erinnern. Also, jedenfalls führen wir mit dem tibetorangefarbenen Audi 100 durch das französische Zentralplateau, vorbei an kilometerlangen Weizenfeldern, und kamen schließlich am Stadtrand von Paris an. Der Papa war sicher, dass wir mit dem Auto nicht ins Zentrum fahren wollten, besonders, weil das erste Abgestellte, das wir sahen, ein Verunfalltes war... aber – schwupps – waren wir mitten drin. Mit 80 um die Place de la Concorde, der Papa war in seinem Element. Am Gare du Lyon hat man uns erst einen Tipp für ein Hotel gegeben, als wir uns als Österreicher deklarierten, weil die deutsche Sprache offensichtlich etwas irritierend wirkte... Im Hotel Opéra, in der Rue Richelieu, waren wir dann. Gibt's noch immer, hat jetzt vier Sterne. Unweit des Hotels sind wir abends in ein kleines chinesisches Lokal „gefallen", ich glaube, es war für die ganze Familie das erste Mal. Dort haben wir gelernt, mit Stäbchen zu essen. Nach drei Tagen machten wir uns auf den Rückweg in den Schwarzwald. Mit Pommes de Terre Rouges und „une kilo" Schinken... Der Papa war nicht erfreut ob des Preises, dann aber schon, weil uns die Schinkenbaguettes auf der Rückfahrt sehr gut getan haben.

Auf den Tibetorangenen folgte ein Mandarinroter, dann noch ein Tibetorangener und dann ein 70%-Schokoladebrauner. Wie diese Farbe offiziell geheißen hat, hab ich nie erfahren. Diesen hat später die Mama übernommen, die nach dem Puch 500 eine Zeitlang einen dunkelblauen Fiat 600 mit Rostflecken-überklebenden Blumenpickerln und danach einen roten Austin Mini hatte, mit diesen Boxen in den Seitenwänden hinten, neben den rückwärtigen Sitzen, wo genau unsere Ballettkoffer hineingepasst haben...

Den braunen Audi hat sie übernommen, weil der Papa einen Firmenwagen zugeteilt bekommen hat, war nicht so gut. Als diese Aktion wieder rückgängig gemacht wurde, musste ein Auto für die Mutter her, die damals am Flughafen gearbeitet hat; irgendwie waren für eine kurze Zeit, unmittelbar nachdem ich den Führerschein gemacht hatte, drei Autos in unserer Familie. Der kleine vom Großvater sollte interimistisch der Mama zur Verfügung stehen, nach Rückgabe des Firmenautos. Leider habe ich diesen Daf 66GL mit Automatic-Getriebe vernichtet, bevor es dazu kommen konnte. Schlimmer Unfall. Zwei Totalschäden. Meine Schuld, Führerschein drei Monate alt. Nicht gut! Ich war demoralisiert.

Das war 1982, im Jänner, mein „zweiter Geburtstag".

Danach konnte ich sechs Jahre nicht Autofahren. Hab' mir selber einfach nicht vertraut. Konnte nicht mit Sicherheit sagen, dass mir ein solcher Kurzschlussblödsinn nicht ein zweites Mal passieren würde. Hatte das Gefühl, nicht das Recht auf den Raum zu haben, den ein Auto auf der Straße beansprucht. Die Frage „Bist Du deppert?" von G., hat mich dann zur Vernunft gebracht und ich hab' langsam wieder angefangen. Den finalen Entschluss ermöglichte mir der Fußweg den verschneiten Kaasgrabenweg hinauf, regelmäßig, täglich, ins Büro: da geh' ich nie wieder zu Fuß, dachte ich mir und nahm fortan ein Auto: und zwar den roten Toyota Starlet, den der Vater für die Mutter gefunden hatte, weil ich ja den Daf … Der Starlet hat eine eigene Geschichte: er hat dem Papa gewunken, hat ihn angezwinkert, von seinem Händlerplatz aus. Genau, wie der erste Audi A4 die Mama angezwinkert hat, der dann im Tausch ihrer wurde. Ewige KFZ-Rochaden bei uns. Also der Starlet hat dem Papa zugezwinkert und bei näherer Betrachtung hat sich folgendes herausgestellt: Typenzulassung am Geburtstag meiner Schwester (weiß nicht mehr welches Jahr), Erstzulassung des Autos an meinem achtzehnten Geburtstag! Sowas muss gewürdigt werden – das Auto wurde gekauft. Viele Jahre später habe ich ihn zum „Abdecker" gebracht. Mit der Mama war er bis Sizilien unterwegs.

Als ich aber mit dem Freund nach Schottland unterwegs war, war meine völlige Genesung von der unfallbedingten langjährigen Fahr-Abstinenz gerade einmal ein paar Monate alt. Ich habe das aber erst erwähnt, als ich unser Mietauto sicher vom Bahnhof in Edinburgh zu unserer Unterkunft, über einige Autobahnmeilen und bravourös durch eine Menge links-orientierte Kreisverkehre in Schottland chauffiert hatte. Auch abgesehen davon war Schottland beeindruckend. „Vorgehalten" wird mir bis heute das Folgende: auf der Isle of Skye gerieten wir, wie es sich in den Highlands gehört, in ein Moor. Es war nicht so schlimm, aber ein gutes Gespür für den Boden war schon hilfreich. Ich glaube, ich hab' das. Ich hatte wenig Problem, trockenen Fußes auf festen Grund zu finden. Hatte zwei Kameras, Objektive, eine Tasche und eine Zeichenmappe bei mir. Mein Begleiter, AZ, war ein Gentleman. Er hat mir die

Zeichenmappe abgenommen und sich prompt „vertreten"; „Schlupp" hör' ich noch hinter mir, dreh' mich um – und er war weg – nein war nicht so schlimm, aber in einem Schlammloch ist er schon gesteckt. Ich sag' ihm „gib mir die Zeichenmappe" - und das war's: bis heute reklamiert er (scherzhaft), dass ich eher meine Zeichenmappe, als ihn retten wollte. Dabei wollt' ich ihm nur das Ding abnehmen, damit er die Hände frei hatte, und ihm dann raushelfen. Wirklich.

Der Rückflug von England hatte einen Zwischenstopp in einem unmöglichen Hotel in Flughafennähe, da mag ich nix näheres mehr wissen, irgendwie gab es nachts einen Fehl-Feueralarm und Kakerlaken in der Dusche komisch.

Eine andere Rückfahrt werd' ich aber kaum vergessen, und das war die aus China. Der Inlandsflug von Guangzhou (Kanton) nach Beijing hat noch gut funktioniert. In Beijing sollten weitere Fluggäste zusteigen, doch irgendwie hat das länger als erwartet gedauert. Nach zwei Stunden hat man uns ins Gate gebeten. Weitere anderthalb Stunden später hieß es, es wäre sinnvoll bissl Handgepäck aus der Maschine (Air China) zu holen, weil's wohl länger dauern würde. Dabei habe ich die Crew und Techniker beim Bearbeiten eines riesigen technischen Handbuches bemerkt. Wir wurden im Gate verpflegt, acht Stunden später hat es geheißen, wir würden weiterfliegen, sehr vertrauenerweckend. Die Turbulenzen auf dem Flug nach Moskau waren auffällig ... Dort sind wir um ein Uhr früh gelandet. Zum Auftanken. Der Pilot hat sich geweigert, noch einmal zu starten und weiter zu fliegen. Und wir hatten kein Visum für die Sowjetunion (das war 1990!). Was soll ich sagen; nach weiteren Stunden sind irgendwie Strom und Kühlung ausgefallen. Wir durften nicht raus. Draußen stand die Sonne und Militär mit Gewehren. Unter den Fluggästen niemand vom Veranstalter, dafür aber ein gebrochener Mittelfußknochen, eine kleine chinesische Familie mit sonnigem Fünfjährigen – und eine Russischdolmetscherin – welches Glück! Nach siebeneinhalb Stunden in der sich aufheizenden Maschine hatte die bewirkt, dass wir mit einem Bus zum Terminal Scheremetjewo II, dem neu erbauten Teil des Flughafens gebracht wurden. Das war dann gegen acht Uhr früh. Zu diesem Zeitpunkt waren wir für Wien verschwunden! Im Terminal wurden wir zuerst mit Frühstück und zu Mittag mit Borschtsch versorgt. Sehr interessant. Unter den Fluggästen ist langsam Lagerkoller entstanden. Ich hab' die in Shanghai erworbenen Uhren eingestellt (Wette: „Des schaffst nie" – ich: „Wett' ma!") und bissl Stimmung gemacht. In periodischen Abständen sind wir an der Glasscheibe gestanden und haben auf eine Air China-Maschine gewartet, die uns dort irgendwie wegholen sollte. Zweieinhalb Flugstunden von Wien weg, da wünscht man sich ein Fahrrad und sagt, ich schnapp meinen Koffer und fahr selber heim...

Nach fünf Stunden später ist dann tatsächlich eine Air China-Maschine gelandet. Die hatte das Ersatztriebwerk für unseren Flieger dabei. Das haben die dann recht rasch eingebaut und schließlich sind wir mit fünfundzwanzigstündiger Verspätung in Wien angekommen. Als Entschädigung hat man uns Pflaumenwein geschenkt. Eh' gut. Seltsamerweise hab' ich das Ganze nicht tragisch gefunden. Auch nicht besonders beängstigend; eher inspirierend.

Die andere Richtung verheißt ein anderes Paradies: Amerika!
Endlich! So groß, so weit weg (China ist weiter!), so sprichwörtlich cool.
Wir fahren! Wir fliegen!
So eine Reise steht unter Stress. Sie muss hohen Ansprüchen genügen und große Erwartungen erfüllen. Die Gefahr des Scheiterns ist proportional der Größe der Erwartungen. Wir sind auf dem Weg ins Paradies!
Wieso denke ich das überhaupt? Ich weiß doch, was alles nicht funktioniert, „drüben", worüber wir hier den Kopf schütteln, wie sehr wir unsere, die europäische, lange Geschichte wertschätzen, also, natürlich diejenige, auf die sich diese seltsame Bewertung bezieht...
Anders gesehen müsste heftig anders gedacht werden ...
Was erscheint mir wirklich so erstrebenswert, so überlegen, so paradiesisch?
Marketing, Werbung, das ist es – man verkauft sich einfach gut.

Und – pars pro toto – Blitzassoziation: woran denkst Du, spontan, sag'
mir eine Stadt?

Natürlich. In den meisten Fällen, unterstelle ich, wird das New York sein.

New York City, eigentlich.

Start spreadin' the news: I'm leavin' today ...

I wanna be a part of it ...

Verflixt, wenn man auf Städte anspricht, dann stimmt das!

Der Inbegriff von „Stadt", das Vorbild auch für Gotham City, das ist nicht
unbedingt ein Kompliment!

Aber, auch da, pars pro toto, das Teleobjektiv, 700mm, das
Elektronenmikroskop, Hermes Trismegistos hat da seine Schwächen,
denk' ich mir:

Nicht uneingeschränkt ist es im Kleinen wie im Großen, ist es Unten, wie
Oben;

Oder, ist diese Stadt, die Ausnahme, die alle Regeln bestätigt?

Muss sagen, so herum fühlt sich's besser an, bisher hat Hermes mich
nicht enttäuscht!

Ein Konzentrat auf einem Felsen, eine Essenz, die erst durch die
Verdünnung genießbar wird, die erst durch Distanz ihr Wesen zeigt – ist
das New York?

Es ist wirklich sehr speziell. Es verspricht alles, uneingeschränktes
Aktivsein, uneingeschränkte Möglichkeiten, wenn Du bereit – oder
imstand - bist, auch uneingeschränkt aktiv zu sein. Sehr verlockend. Es
verleitet dazu, den Zeitbedarf verschiedener Prozesse zu ignorieren: das
muss schneller, dauernd, besser gehen. Und „geht net, gibt's net". Das
wird bestimmt auch unbarmherzig. Da pflastern sicher Leichen einige
Wege. Und die Straßen sind breit. Die meisten.

Andere sind schmal.

New York muss man können.

Das Gefühl ist ziemlich stark. Da bleibt einem schon einmal der Mund
offen stehen.

Dennoch. Ich seh' höchstens bis zur nächsten Ecke, egal, wie viel Stadt
noch dahinter steht.

Ich erfass', sagen wir, 150m Umkreis. So, wie jeder Mensch nur rund 150 Menschen „kennen" kann. Mehr geht nicht.

Das mach ich hier wie dort.

Ich denke, das soll man nicht vergessen. Ein menschliches Hirn hat knapp anderthalb Kilo, ein menschliches Herz rund dreißig Deka (300 Gramm). Wir haben unsere Dimension.

So stell ich fest, dass auch New York, wie viele andere Orte funktioniert. Du gehst, bewegst Dich drin, siehst, hörst, riechst, berührst – und bist zu Hause – in gewisser Weise. An einem Ort mit Menschen, die sehen, hören, riechen, berühren;

Irgendwie ist das dann recht einfach.

Das Neue ist aufregend genug, aber, das ist es überall.

Natürlich; Amerika ist groß!

Die inländischen Erdbeeren, die aus Kalifornien kommen, haben einen weiteren Weg, als wenn wir zu Weihnachten Erdbeeren aus Ägypten kaufen!

Ich glaube schon, dass diese Größe auch Spuren in den Menschen hinterlässt.

Andererseits, Russland, China sind auch groß. Da sind die Menschen anders.

Es muss noch was anderes sein.

Der Westen war nie östlich. Also – so Ost-östlich.

Manches rennt recht wild im Westen, vieles ist nicht geregelt, nicht reglementiert – nicht über-reglementiert.

Da muss man schon selber Verantwortung übernehmen und „sich kümmern".

Ich denke, sowas spürt man dort.

Was man jedenfalls merkt, als „fremder" Mensch, als ortsunkundiger (offensichtlich, mit Stadtplan), ist Hilfsbereitschaft, ungefragt; ist Rücksicht und Defensive im Straßenverkehr. Es gibt kein Drängen, auch wenn's Rot ist, überlebst Du als Fußgänger den Weg über die Straße, Du wirst gesehen, es wird auf Dich geachtet. Irgendwie erscheint das mündig; das ist cool. Es bleibt entspannt. Auch in New York; in anderen Städten, am Land sowieso;

Lustig, eigentlich; wer nicht so hilfsbereit und entspannt war, war wirklich der Alitalia-Mitarbeiter, der sich um unsere verschollenen Koffer kümmern musste...

Abbruch – Umbau - Einreichung

Ein Abbruch wie viele andere. Ein Umbau wie viele andere. Ein Bau aus den 1990er Jahren, gute Substanz – Stahlbeton-Skelettbau; heißt was?

Heißt, tragend sind hauptsächlich Stützen, Pfeiler, Säulen,

in regelmäßigen Abständen im Raster platziert, bilden gemeinsam mit Schächten und aussteifenden (Wand-) Scheiben die Primärstruktur des Gebäudes. Das meiste nichttragend, leicht und flexibel, denn der Raster ist das System.

Auch die Fassaden: zwischen den tragenden Stützen nur leichte Paneele. Sehr hochwertige Fenster, zwanzig Jahre alt, Zustand beinah wie neu, da merkt man schon, was was wert sein kann.

Mein erster Eindruck war abgefuckt, alter Rauchgeruch, vergilbte Mineralfaserdecken, Flecken auf dem PVC-Boden, abgeschlagene Kanten. Das ist aber nur die Oberfläche und wir wissen ja: „Don't judge a book by ist cover-er". Die Substanz ist wirklich gut. Und durchaus gut durchdacht.

Das ist nicht überall so. Da hab' ich schon was anderes erlebt.

Doch, davon später. Zuerst wird ausgeräumt.

Alles das, was noch da ist, nach dem Auszug:

vereinzelte Kaffeehäferl, Hängeleuchten, Papierkörbe, Flipchart-blöcke, Schreibtischleuchten.

Dann werden die Oberflächen abgebaut, Einbaumöbel, Bodenbeläge; Abbruch.

Es ist inzwischen fertig, übergeben, in Betrieb genommen.

Restliche Mängel werden behoben.

Die gesamte Anlage ist dreiteilig.

Ums Eck ein Bauteil mit „hohlem" Erdgeschoß, ein Parkplatz unterm 1. Stock und im Hof, eine Garage im Keller.

Noch einmal ums Eck ein weiterer Bauteil; das Ganze ein großes, flaches „U", quasi; in das letzte Erdgeschoß soll ein Supermarkt einziehen, keine Autos; es ist nicht einfach.

Also, besonders Umbau ist nicht einfach.

Es ist ein Irrtum, zu glauben, mit einem Umbau erspart man sich was, es ist mindestens egal, auch, wenn die Substanz ok ist, so wie da. Na, ja, ein kleiner Bestand, der in einen Neu-/Zubau integriert wird, kann schon eine Ersparnis bringen, ich hab' so was gemacht – mit einem sensiblen Professionisten-Partner-Team und der richtigen Relation alt-neu geht das schon; vom Altbau sieht man nix mehr, trotzdem ist er ein Teil des Ganzen;

Wenn die Substanz nicht ok ist, hat man sowieso gewisse Organteile offen, südliche, „rectum apertum".

Ich liebe ja die Grüne Wiese, nicht nur zum Drin Liegen.

Jungfräulich, unversehrt – UNBEBAUT.

Gibt's aber nicht mehr oft.

Und, Umbau, wo Umriss und Substanz aus dem Bestand kommen, das ist die Katz' im Sack, da weiß man oft wirklich nicht, was man sich eintritt. Oft stehen Sachen, Häuser, ja, quasi, „aus Gewohnheit"; oder, sie werden durch Putz und E-Leitungen zusammen gehalten, den Eindruck hab' ich manchmal.

Und mit der „passenden Firma kann man da schon Abenteuerliches erleben...

Wenn man beispielsweise, beim Entkernen und Abbruch von Fenstern draufkommt, dass das Überlager, das, was Fenster- und Türlöcher oben überbrückt, ein Stahlträger, ein I-Profil, ist, das unmittelbar VOR der Leibung, also, vor dem Ende des Loches aufhört ... also, man den Eindruck gewinnen muss, da hat das Fenster das Haus getragen, quasi „kraftschlüssig verbunden" durch Montageschaum – so was gibt's, man glaubt es kaum.

Aber, auch die Methoden des Abbruchs können durchaus noch nach Jahren Neues in den Erfahrungsfundus liefern; der Abbruch von unten nach oben, zum Beispiel, war etwas, dessen ich erst einmal Zeugin werden durfte.

Drüber schwebt ein I-Profil, es scheint am Siemens-Lufthaken zu hängen, ich hab' mir gedacht, sieh da, es gibt ihn doch... so oft beschrieben, nie wurde er gesehen, der Siemens-Lufthaken ist ein Phantom, so wie die Eierlegende Wollmilchsau – und da wirkt er plötzlich und hält ein I-Profil, weil, anders ist kaum zu erklären, was da oft vorgeht, bei so Abbruchfirmen;

Oder, wenn Windfangfundamente, die, im feuchten Erdreich, dem gewachsenen Boden, auf einen Weichholzbalken betoniert wurden - Häh? - wie lang, bitte, soll das halten? Wobei, wenn's war ist, hält das schon fast vierzig Jahre...

Man findet's ja auch erst wieder, wenn man runtergräbt, reinbohrt, wenn man backstage geht, wenn das wieder zutage gefördert wird, was zuletzt am Rohbau Tageslicht gesehen hat und dann zugeputzt, zugeschüttet, weggeschlossen Egal. Das Planen und Bauen auf die Grüne Wiese ist so viel einfacher.

Man muss nur gute Ideen haben und vielleicht unerfüllbare Wünsche erfüllen, eben, die erwähnte Eierlegende Wollmilchsau züchten, sozusagen, aber, das muss ich beim Umbau ja sowieso – auch - noch dazu... Warum macht man das dann?

Man fragt sich eh', also, konkret, ich frag' mich...

Meistens sind's - neben mancherlei wirtschaftlichen – baurechtliche Gründe.

Einmal wurde vom Eigentümer verabsäumt, eine Änderung des Flächenwidmungs- und Bebauungsplanes zu beantragen. Wenn's im Interesse der Gegend, des Bezirkes, der Stadt liegt, kann man da durchaus was machen, tut man's nicht, innerhalb bestimmter Frist, hat man den Bebauungsplan am Hals und muss sich danach richten. Und dann kann's sein, dass man – würde man abreißen – gar nix Neues mehr bauen dürfte. Dann muss man stehen lassen und umbauen. Dann derhängt man sich mit der Katz' im Sack, weil, erst, wenn man reinschaut, weiß man, was drin ist (!). Oder, die Bauordnung und ihre Nebengesetze selber verunmöglichen beim Neubau die angestrebte Nutzung, dann muss man's auch stehen lassen, quasi den rechtlichen Status Quo erhalten, da geht's um PKW-Stellplätze, Umriss, Widmungen, ...

Und dann gibt's Strafverschärfung, weil, sonst wär's ja einfach, mich hat das echt ein Stück weit traumatisiert, deswegen muss ich das da loswerden: Da war ein Architekt drauf, auf allen drei Bauteilen, also, der eine hat Entwürfe für das flache „U" geliefert.

Dann hat man festgestellt, der bringt net z'samm', was man, also, der Auftraggeber, braucht. Das heißt, nach dem Gesamtentwurf, der die drei Bauteile umfasst hat, hat's dem AG gereicht.

Er hat Architekt I gestanzt. Das macht kein'n schlanken Fuß, aber da waren schon Schildbürgereien dabei; in der Garagenplanung Stahlbetonstützen in der Rangierfläche, Keller-Einlagerungs-räume, zu denen man mit der Kirche um's Kreuz rennen musste; Einraumwohnungen mit 50m², Badezimmer, in denen ein Rollstuhl nicht umdrehen konnte, Wohnungsstrukturen ohne Rücksicht auf Schachtpositionen und Kaminzüge; das alles muss bedacht sein. Eh' klar, sagt Ihr, sagert ich auch; egal, das Gesamtprojekt ist letztenendes auf drei Architekten aufgeteilt worden:

Architekt I, der den ersten Bauteil umgesetzt hat,

Architekt II, der den mittleren Trakt, mit Wohnungen plant,

Architekt drei, der den letzten Bauteil, mit Supermarkt und Bürogeschossen bearbeitet.

Die drei Bauteile sind im Grunde, das heißt, im Keller, ein Gebäude; dort hängt alles zusammen. Das Zusammenhängen muss aber auch funktionieren.

Der mittlere Trakt, mit den Wohnungen soll möglichst neu gebaut werden, aber als Umbau gelten. Dazu muss das Erdgeschoß stehen bleiben, das heißt, erst oberhalb der Erdgeschossdecke darf abgebrochen und neu gebaut werden.

Der Umbau in diesem Fall muss vor allem wegen der PKW-Stellplätze sein, auch andere sonst verfallende Vorteile lassen sich mit einem Umbau erhalten.

De Supermarkt muss möglichst rasch eröffnet werden.

Ein Einreichverfahren dauert. Lauter Widersprüche...

Wie also, ist die Frage, wickelt man eine laufende Baustelle gut ab, reicht, daran hängend, einen Wohn-Umbau und einen Büro-Umbau mit Blitz-Supermarkt ohne Änderung der Stellplatzerfordernis ein und das alles mit drei Architekten, die alle jeweils über die Anwesenheit der anderen nicht restlos erfreut sind? Man nimmt die eingereichten Pläne von Architekt I und tauscht – im laufenden Verfahren einfach durch die neuen Pläne aus. So war der Plan und auch besprochen mit der Behörde;

Allein, es sollte anders kommen.

Die Baubehörde will das alte von den neuen Projekten trennen. Ein neues Verfahren starten. Die alten Pläne sollen nicht ausgetauscht, sondern zurückgezogen und die neuen Pläne neu eingereicht werden, das aber gemeinsam, als eine Einreichung. Das heißt, zwei einander fremde Projekte zusammenhängen, das heißt, vor allem, ein neuer Fristenlauf; und die Uhr tickt. Im guten Glauben, es besonders vif zu machen, beschließt man, das Supermarkt-Büro-Projekt in drei Verfahren getrennt einzureichen. Denn, es gibt verschiedene Möglichkeiten, die verschiedene Abläufe haben:

Es gibt bewilligungsfreie Bauvorhaben, die kann man, quasi, einfach machen; die kommen hier aber nicht in Frage, eh' klar.

Es gibt die Bauanzeige, mit der man anzeigt, was man alles im Inneren eines Gebäudes ändern möchte, Wände wegnehmen, neue aufstellen, alles ohne Auswirkung auf Statik und Raumwidmungen.

Es gibt die Einreichung, in unterschiedlichen „Intensitäten", das vereinfachte Verfahren, zum Beispiel, oder die „klassische" Einreichung, mit Bauverhandlung und Bescheid.

Man entscheidet sich für den Büro-Supermarkt-Bauteil für ein dreiteiliges Verfahren aus einer Bauanzeige und zwei Einreichungen mit unterschiedlichen Inhalten. Man denkt, das wär einfach; weil am

Computer, mit einem Zeichenprogramm muss man ja „nur" Layers ein- und ausschalten und plopp und schwupps wirft der Plotter die unterschiedlichen Stadien der drei Verfahren aus. Vor allem, wo doch eh' eigentlich nur die Regelgeschosse und, ja, halt auch das Dachgeschoß, aber doch eh' nur, intensiv bearbeitet werden müssen, weil Keller und Erdgeschoß sind ja eh' von Architekt I schon vorhanden... Ja, Schnecken. Wahnsinn. Keller und Erdgeschoß sind nur rudimentär zu verwenden.

Die drei Einreichphasen sind so:

Als erstes, die Bauanzeige: Bauliche Änderungen im Gebäude: Wände innen so ändern (das heißt Abbruch darstellen – gelb, Neues darstellen – rot (bzw. Material wie Beton, Stahlbeton), Bestand bleibt grau). Keine Fassade, keine Außen-Eingangstüren, keine Raumwidmungen ändern, das hätte zu einer Änderung des Stellplatzerfordernisses geführt – remember?

Durch diese Darstellung wird es notwendig, Wände, die man abreißen wollte, doch stehen zu lassen, weil sonst die bleibenden Raumwidmungen nicht funktionieren. Teilweise müssen Türen eingezeichnet und also eingereicht werden, die man gar nicht will, weil anders der bleibende Widmungsbestand keine Zugänge oder Fluchtwege hätte, weil ja an der Fassade auch noch nix geändert werden darf (Capisci – Bauanzeige ist nur innen!)

Als zweites: Einreichung A: Bauliche Änderungen am Gebäude: Fassaden, Ein- und Ausgänge, Dachgaupen und –aufklappungen; Noch keine Widmungsänderungen! In diesem Stadium ist alles, was in der Bauanzeige eingereicht wurde bereits Bestand: was gelber Abbruch war, ist weg, was roter Neubau war, ist grau. Gelb sind nun neue Löcher für Türen, Fenster, Gaupen, rot sind die dazugehörigen Konstruktionen und Bauteile.

Diese beiden Stadien werden gleichzeitig eingereicht.

Der Clou ist, dass eine Bauanzeige – wenn kein Einwand kommt – vier Wochen nach Einreichung ohne Bescheid als „genehmigt" gilt und begonnen werden kann. Das ist für den Supermarkt wichtig, der aber noch nicht Supermarkt heißen darf.

Als Drittes: Einreichung B: Bauliche Änderungen: nun sind alle Fassaden-Löcher leer, alle Fenster und Türen Bestand, die provisorischen Wände und Türen werden nun gelb und Abbruch, weil, die wollten wir ja eh' nie, und es dürfen die Räume endlich ihre Widmungen bekommen.

Dieses Stadium wird gemeinsam mit dem Wohntrakt eingereicht. Hier gibt es auch die Stellplatzberechnung für den gesamten Bauplatz mit allen drei Bauvorhaben, da läuft alles zusammen.

Das hat ganz schön gerattert, Grundrisse, Schnitte, Ansichten.

Alles dreimal, am besten gleichzeitig, die Stadien einander widersprechend. Ich mach' so was so bestimmt nie wieder, obwohl es hat wahrscheinlich so sein müssen.

Es gibt noch ein viertes Stadium, ich gebe es zu:

Nach den Einreichungen wird ausgeschrieben. GU – Generalunternehmer.

Heißt, eine Baufirma übernimmt den Gesamtauftrag und vergibt die Arbeiten, die nicht in ihre Kernkompetenz fallen, an Sub-Firmen. Das vereinfacht für Planer und AG einiges, ab bestimmten Volumen.

Zum Kalkulieren benötigen Bieter entsprechende Unterlagen: Ausschreibungspläne.

Normalerweise können das gestraffte, in Details weiter entwickelte Einreichpläne sein.

Die gibt's in unserem Fall in diesem Sinne aber nicht.

Weil, was in der Bauanzeige abgebrochen wurde, ist im Letztstand schon längst nicht mehr vorhanden, planlich, aber physisch schon, und muss real abgebrochen werden, klar soweit?

Das heißt, „gehe über Start und kassiere nicht 400 Euro": weil: der vierte Plan ist alle drei Einreichstadien in einen Plan gepackt, Bauanzeige, Einreichung A und Einreichung B. Alles noch einmal.

Klingt seltsam, ist aber so.

Es ist vollbracht, so weit. Wie prachtvoll es wird, wird sich zeigen.

Momentan strick' ich den Polierplan.

Nachbemerkung:

Natürlich sind die Polierpläne abgeschlossen, der Umbau fertig gestellt, andere Projekte gekommen und gegangen – nichts bleibt stehen, die Zeit am wenigsten, auch wir können's nicht;

die Texte hier, die beim Schreiben so frisch und aktuell erschienen sind, gleiten selbst bereits ins Altern, das Jüngste ist Amerika – wie doppeldeutig – und auch das wird älter;

trotzdem, ein Augenzwinkern, ein langer Blick zurück an der Leine, an der ich den Haken über den Abgrund der Zeit geworfen habe;

einiges ist nun versorgt,

so fühlt es sich an.

Inhalt:

Informationen:

ENA-ARCHITEKTUR

Mag^a Irene Pollak

Planung-Beratung-Entwurf

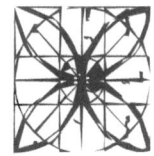

PF 14, 1024 Wien

http://www.ena-architektur.com

info@ena-architektur.com

0(043)676.347.39.63

Text, Bild, Pollyshop

http://www.facebook.com/ena-architektur-polly dollar

http://www.xing.com/irenepollak

Atelier A – zum Blauen Pfau am Spittelberg

Mag^a Iva Schach & Horst Miechtner

Ausstellungen und Lesungen
Mal- und Zeichenkurse,
Sommerakademie Bohemia
in Kosteletz am Schwarzen Wald, CZ

Kirchberggasse 17/II, 1070 Wien
http://www.jimdo.at/ateliera

Verein ::kunst.projekte:: galeriestudio38

Ursula und Ing. Franz Pfeiffer

Kultur-Veranstaltungen
Lesungen, Ausstellungen, etc.

1160 Wien
http://www.galeriestudio38.at
zB. auch http://www.galeriestudio38.at/irenepollak